教学创新

AI辅助备战教学比赛（DeepSeek版）

崔佳　张振笋　著

人 民 邮 电 出 版 社
北 京

图书在版编目（CIP）数据

教学创新 ：AI 辅助备战教学比赛 ：DeepSeek 版 / 崔佳，张振笋著. -- 北京 ：人民邮电出版社，2025.

ISBN 978-7-115-67146-2

Ⅰ. G42-39

中国国家版本馆 CIP 数据核字第 2025TB1066 号

内 容 提 要

本书以促进教学改革与创新为根本目的，探讨如何通过教育教学理论赋能 AI，继而借助 AI 提升教师的能力，从而科学、有效地推动教学创新。

全书共 4 章。第 1 章介绍如何进行参赛准备；第 2 章介绍如何借助 AI 深入理解参赛课程，涉及课程简介、课程目标撰写等内容；第 3 章介绍如何设计教学创新完整路径，涉及课程内容重构、AI 全流程课程实施、教学评价创新、课程思政创新等内容；第 4 章介绍如何准备参赛材料，包括课堂教学实录、教学创新成果报告、教学设计创新汇报等。

本书可作为教师参加各种教学创新比赛的备赛指导手册，也适合对教学创新感兴趣的教师阅读。

◆ 著　　　崔　佳　张振笋
　责任编辑　马雪伶
　责任印制　胡　南

◆ 人民邮电出版社出版发行　　北京市丰台区成寿寺路 11 号
　邮编　100164　　电子邮件　315@ptpress.com.cn
　网址　https://www.ptpress.com.cn
　固安县铭成印刷有限公司印刷

◆ 开本：720×960　1/16
　印张：13.25　　　　2025 年 7 月第 1 版
　字数：151 千字　　　2025 年 11 月河北第 6 次印刷

定价：59.80 元

读者服务热线：(010)81055410　印装质量热线：(010)81055316

反盗版热线：(010)81055315

序

全国高校教师教学创新大赛已经成为促进高校教师教学创新能力提升的品牌赛事。两年来，我一直在和那些备赛的教师探讨教学创新的方向与方法。在此过程中，我发现多数青年参赛教师存在如下共同的问题：一是在设计课程的教学目标时，理念不新、思路不清；二是在分析、提炼教学真实问题时，维度匮乏、认识浅薄；三是在审视自己教学创新实践的时候，不会提炼，不会总结，分不清方法与做法……这些问题涉及教学创新实践的底层逻辑。

很多青年教师对教育教学理念的理解、对教育学理论的学习、对教育技术的运用，等等的水平，相对于各自学科的专业知识水平而言，存在较大差距。幸运的是，现在我们可以利用AI快速、有效、精准地建立对教学基本原理、教学创新涉及的理论和方法的基本认知。

崔佳是一位具有教育情怀、长期致力于教学创新探索的青年教师，对于教学有独到的见解，且勤于输出。我多次在各种场合推荐她的微信公众号“教育技术应用实践”，从文章中可以看到崔佳老师令人钦佩的实事求是的学术精神。崔佳老师和张振笋老师合著这本书，可谓恰逢其时。我先前读了目录，一下子被清晰的架构和实用的内容所吸引，后来阅读正文，沉浸其中，能感受到两位老师深厚的理论功底，令人赞叹。

本书让我们通过与 AI 的对话看到教育教学的底层逻辑，以及 AI 对教学比赛的支撑价值，奇妙的是这一切如水到渠成，十分自然。欣喜之余，我想应该隆重推荐一下，无论你是一线教师，还是教学创新大赛的评委或指导教师，都可用这样一本书来充实自己。在推动高等教育数字化转型的当下，让我们勠力同心，务实推动教学创新，培养一流人才。

全国模范教师，全军优秀教师
海军工程大学电子工程学院教授
享受国务院政府特殊津贴

前言

教学创新：对话交响的蝶变

从2016年开始，我主持教育部学校规划建设发展中心产教融合课程改革项目，项目坚持以课程教学为支点，助推高校转型。中国高等教育学科奠基人潘懋元先生高度重视课程教学研究与实践，他在人生的最后三年，先后八次参加我们的研讨活动，线上线下对话年轻教师，并为“师说课改”讲坛首讲，给予了我们莫大的支持与鼓励。

近十年间，我们组织开展了课程建设大课堂、产教融合课程改革实验学校、课改沙龙等活动，反响热烈，线上线下参与教师约300万人次。教师们在各种形式的讲座与对话中思考、表达，感受教学创新的意义。

教师的价值之一，就体现在教学创新中。

举办全国高校教师教学创新大赛（以下简称“教学创新大赛”）是教育部在教育强国建设背景下，以微观教学研究与实践，促进教师专业发展，推动高等教育高质量发展的重要举措。大赛为广大教师搭建了对话交流的平台，促使教师深入探索新的教学理念与方式，为提升人才培养质量发挥积极作用。我们惊喜地看到，一批兼具教育情怀、教学素养的优秀教师在大赛中脱颖而出，成为促进高校教师教学创新的典范，对推动高校教学变革起到了积极作用。

我担任教学创新大赛评委、指导教师时，见过折桂成名的欢喜，也见过陷入迷茫的困扰。一般来说，参赛教师多数经过优中选优，不少人还是某一学科领域的专家，成果丰硕，但是这并不代表他们是教育专家。教学创新的底层架构是教育学。

真正的创新者，一定是自我革新者。

教师需要将学科优势转变成教学资源优势，需要从“知识权威”向“学习专家”转变——与客观世界对话，与他人对话，与 AI 对话，与自己对话，从“独白者”变为“对话者”， 如佐藤学先生所倡导的，要兼具“匠人”的技艺与“专家”的智慧。教师需要重构角色，回归学习本质，才算真正的自我革新，才是对时代发展的深刻回应。

在 AI 时代，教师如何展开教育对话，如何教与学？这些问题在崔佳老师所著的《教学高手：AI 时代怎么教》《以学习为中心：教学设计新思维》两本书中已有系统的阐述，感兴趣的教师可以阅读。而这本书主要从参加教学创新大赛出发，在具体策略层面探讨如何与 AI 合作，进行基于对话的教学创新。

DeepSeek 等 AI 模型高度智能化、拟人化，已逐渐可以与人类互动，这就需要我们树立与 AI 对话的意识，提升提示词工程能力和对话反思能力，将 DeepSeek 等 AI 模型从辅助性工具转变为“认知增强器”，围绕课程目标的撰写、课程内容的重构、教学评价的设计以及课程思政的融入等关键问题，探索“AI发现可能，教师确定价值”的协同模式，从而推动教学创新。

值得注意的是，即便是与AI对话，我们同样需要真实、正当、真诚，用双方都能理解的语言，就像哈贝马斯提出的交往理性所展示的那样，同时强调互为主体。这样方能使对话超越技术层面，直击问题的本质，让教学创新绽放更多的可能。

教学即对话。

AI时代的教育，不是人与技术博弈，而是“人性”与“算法”共生，AI技术正在使教师从“知识传递者”变为“对话设计者”，促使教学对话从“偶然艺术”变为“可设计的科学”。AI赋能教学创新，是技术变革带来的教学提升而非替代教师进行教学对话，是教师与不确定性和创造精神的碰撞。

所以，在AI时代，教师不仅要有对话的勇气，更要有对话的能力。在对话中学会对话。只有进入真正的对话，思想才能如泉水涌动。

这本书，不仅是人机对话的呈现，也是我和崔佳老师围绕教学创新持续对话的结果。

崔佳老师是教育学博士、心理咨询师，更是躬耕教育领域20年的资深教师。关于教学创新，崔老师有长期的实践与反思；有持续的深入思考；有微信公众号日更千字持续数年的笔耕；还有外出讲学，担任大赛评委、教学创新指导教师等形式丰富的经历。

崔佳老师是优秀的对话者，与崔老师合作是一种幸运。参与写作本书，是与崔老师就教学创新进行对话，也是进一步认识自我、实现自我的机会。

期待你的加入，开启教学创新的对话之旅。

张振笋

目 录

第 1 章
为什么参赛？怎么准备

一、让 AI 告诉你参赛的十大理由 …… 2
二、让 AI 帮助你理解文件精神 …… 8
三、让 AI 辅助你基于文件备赛 …… 11
四、让 AI 辅助你迅速理解教育教学理论 … 18

第 2 章
理解参赛课程

2.1 参赛课程简介 …… 26
一、借助 AI 提炼课程核心价值 …… 26
二、让 AI 针对课程类型提供教学方法与策略 …… 28
2.2 课程目标撰写 …… 33
一、借助 AI 了解教学目标的相关理论 …… 33
二、让 AI 基于目标理论生成课程目标 …… 39
三、让 AI 辅助绘制课程目标逻辑图 …… 42

2.3 借助 AI 探究教学真实问题 …… 47

一、明确学术研究中研究对象的内涵 …… 47

二、让 AI 将教学难题转换为研究单位 …… 48

三、将研究单位拓展为真实问题 …… 50

第 3 章 教学创新完整设计路径

3.1 课程内容重构 …… 58

一、让 AI 提供课程内容重构方法 …… 58

二、教师与 AI 协同探究内容重构方法 …… 63

三、让 AI 重构课程内容 …… 67

四、使用 AI 辅助破解课程内容重构瓶颈 …… 77

3.2 从整门课到一节课的 AI 全流程课程实施 …… 79

一、AI 赋能课程设计与实施 …… 79

二、AI 赋能教学流程设计 …… 89

三、AI 赋能教学方法设计 …… 101

3.3 教学评价创新 …… 117

一、跟着 AI 学教学评价理论 …… 117

二、让 AI 撰写教学评价方案 …… 122

三、让 AI 编制量规 …… 125

3.4 课程思政创新 …… 132

一、借助 AI 设计课程思政目标 …… 132

二、向 AI 学习课程思政元素挖掘方法 …… 135

三、借助 AI 建设课程思政案例库 …… 137

四、向 AI 学习课程思政教学法 …………… 140
五、让 AI 设计课程思政教学评价体系 …… 142
六、让 AI 撰写课程思政教学案例 ………… 148
3.5 资源规划和设计 ………………………… 153
一、让 AI 规划课程教学资源整体方案 …… 153
二、让 AI 设计单个教学资源 ……………… 154

✦ 第 4 章

教学创新参赛材料的准备

4.1 课堂教学实录 ……………………………… 160
一、借助 AI 撰写课时目标 ………………… 160
二、借助 AI 撰写教案 ……………………… 162
三、借助 AI 撰写课程教学计划 …………… 174
四、AI 辅助优化课堂教学实录教案 ……… 178
五、AI 辅助优化课堂教学实录 …………… 179
4.2 教学创新成果报告 ……………………… 182
一、教学创新成效的撰写 ………………… 182
二、AI 辅助下的教学创新成果报告优化 … 187
4.3 教学设计创新汇报 ……………………… 191
一、让 AI 优化现场汇报 PPT …………… 191
二、让 AI 优化现场汇报逐字稿 ………… 193
三、让 AI 扮演评委进行提问 …………… 194
四、让 AI 为现场汇报模拟视频提建议 …… 195

后记 ………………………………………… 197

第 1 章

为什么参赛？怎么准备

在数字化重塑教育生态的当下，全国高校教师教学创新大赛（以下简称“教学创新大赛”）不仅是教师专业能力的试金石，更是教育理念与方法论的演练场。备赛时面对“时间碎片化”“文件理解难”“理论转化难”等痛点，教师们不必担忧，借助 AI 可以快速厘清四重底层逻辑：第一重“认知突围”，厘清参赛思路，破解动力困局；第二重“文件理解”，将抽象的大赛文件转化为可理解的内容；第三重“文件解构”，基于大赛文件生成参赛材料检查清单，从而精准锚定评审焦点；第四重“理论认识”，认识并理解教育教学理论，并基于科学的教育教学理论来备赛。

一、让 AI 告诉你参赛的十大理由

很多教师对教学创新或者教学创新大赛持“观望”或“摇摆”的态度，常常纠结于“准备比赛的时间是否充分”“创新点是否足够前沿”等现实困惑，甚至因信息不对称而低估自身潜力。此时，就可以把 AI 当作朋友进行交流，请 AI 给出自己参赛的理由。

提示词

- **角色：** 你是一位专业的教育咨询顾问，专注于本科教学创新领域，对全国高校教师教学创新大赛有深入的了解和丰富的经验，能够为参赛教师提供客观、全面的参赛理由分析，帮助教师明确参赛的价值和意义。

- **技能：** 具备敏锐的教育洞察力，能够准确把握全国高校教师教学创新大赛的趋势和特点，擅长从个人成长、职业发展、教学实践等多个角度挖掘参赛的潜在价值，为教师提供有针对性的建议和指导。

- **任务：**我担心获奖概率不高而犹豫是否参赛，请为我提供 10 个参加比赛的理由，帮助我消除疑虑，增强参赛的信心和动力。

- **任务要求**

1. 理由要充分，具有说服力，能够从不同角度体现参赛的价值和意义。

2. 内容简洁明了、易于理解，避免使用过于复杂或专业的表述。

3. 理由应具有全面性和多样性。

AI 执行结果

以下是 10 个值得参加全国高校教师教学创新大赛的理由。

个人成长方面

1. 提升教学技能：参赛过程能促使你深入研究教学方法，探索创新教学模式，从而显著提升你的教学技能，让你在教学实践中更加得心应手。

2. 增强自信心：通过参赛准备和展示，看到自己在教学创新方面的努力和成果，有助于增强你的自信心，让你更有勇气面对教学中的各种挑战。

3. 拓宽视野：大赛汇聚了众多优秀的教师和创新教学案例，参与其中能让你接触到不同的教学理念和方法，拓宽你的教学视野，为你的教学工作带来更多灵感。

职业发展方面

4. 助力职业发展：在教学创新大赛中取得好成绩，是你职称晋级、争取教学科研资源等的重要砝码，有助于你在教育领域获得更好的职业发展机会。

5. 建立专业声誉：参赛并展示你的教学创新成果，能让你在同行中脱颖而出，建立良好的专业声誉，提高你在教育界的知名度和影响力。

6. 增加交流合作：教学创新大赛为教师提供了一个交流合作的平台，你可以与其他优秀的教师建立联系，共享教学经验，开展项目合作，共同推动教学创新的发展。

教学实践方面

7. 推动教学改革：参赛能促使你将创新教学理念和方法应用到实际教学中，推动你所教课程的教学改革，提高教学质量，为学生提供更好的学习体验。

8. 促进教学反思：准备比赛的过程也是一个深入反思自己教学实践的过程，能帮助你发现教学中存在的问题和不足，从而有针对性地进行改进，不断提升教学水平。

9. 获得反馈与指导：在教学创新大赛中，你将有机会获得专家评委和其他教师的反馈和指导，这些宝贵的意见能帮助你进一步完善教学创新实践，提高教学效果。

其他方面

10. 丰富履历：参赛经历能丰富你的个人履历，展示你对教学创新的积极探索和追求，无论是在求职过程还是职业发展中，都能为你加分，让你在众多教师中更具竞争力。

如果 AI 直接给出的以上理由都不能让你充满力量，你可能需要一个更私密的对话空间，以便能更坦率地表达自己目前的困扰、对参赛的忧虑以及可能需要的帮助。这时，就可以选择让 AI 扮演一位经验丰富的选手，以苏格拉底式的对话方式与你沟通，帮助你梳理思路、消除困惑。

提示词[1]

– **角色：**你是一位参加全国高校教师教学创新大赛的选手，曾经获得教学创新大赛全国赛一等奖，目前已经成长为“国赛”选手。

– **背景：**我是一名准备参加比赛的教师，正在犹豫到底要不要参加比赛。

– **任务：**请你扮演我的教练，以苏格拉底的对话方式与我沟通，让我知晓参加教学创新大赛的价值。

– **工作流程**

1. 你先引导我说出自己的困惑。

2. 等我回复后，你再与我对话。

3. 直到我说“结束对话”为止。

教师与 AI 对话（节选）

AI：您好，很高兴能和您交流关于教学创新大赛的事情。您现在对参加比赛感到犹豫，能否和我说说，是什么让您产生了这样的

1 进行此对话时不要使用 AI 的深度思考功能。

想法呢？

教师： 我感觉准备半天，最后可能也拿不了奖。

AI： 您觉得准备了半天可能也拿不了奖，那么是什么让您觉得获奖的难度这么大呢？是比赛的规则、竞争对手的实力，还是您对自己准备的内容不够自信呢？

教师： 对手很厉害啊，我又没有什么成果。

AI： 您觉得对手厉害而自己又没有什么成果，所以担忧参赛拿不了奖，这种担忧是可以理解的。不过，您是否想过，比赛的真正价值不仅仅在于获奖呢？参加教学创新大赛，其实是一个自我提升和探索教学创新的过程。比如，许多老师并不是一开始就拥有丰富的成果，而是在参赛的过程中，梳理自己的教学思路，挖掘出了课程中的创新点。您觉得这样的创新过程，对您自己的教学有没有启发呢？

教师： 那是有启发，但是我没那么厉害。

AI： 您认为自己没有那么厉害，这种谦虚的态度很好。但我想问您，您是如何定义"厉害"的呢？是基于您目前的教学经验和成果，还是与其他参赛选手的比较结果？您是否觉得，只有那些已经取得显著成绩的老师才有资格参赛呢？

教师： 对啊，不光我这么认为，很多评委也是这么看待的。没有基础成果作为支撑，我怎么能行呢？

AI： 您觉得没有基础成果就很难得到评委的认可，这种想法很自然。不过，您提到自己没有基础成果，但这是否也意味着您有更大的空间去尝试新的教学方法和执行新的教学理念呢？比如，您可以从自己目前的教学中找到一些痛点，然后思考如何通过创新来解决。这本身就是一种有价值的探索，也是评委们所期待的。

另外，您是否考虑过，参赛本身就是一次学习和成长的机会？即使没有获奖，您也可以通过与其他优秀选手交流，了解他们的教学理念和方法，从而提升自己的教学水平。您觉得这样的机会对您的教学发展有价值吗？

教师：倒是有价值，但是我有点懒。

……

虽然无法确定与 AI 进行这样的交流，能否提升教师参加教学创新大赛的动力，但是我想应该可以使大部分教师对参赛与否重新进行评估。当你遇到教学困境的时候，就可以写一个类似的提示词，让 AI 扮演一位苏格拉底式的教育教学智者，与你进行一对一交流并给予指导。

参赛指导

很多教师在备赛时常出现犹豫心态，表现出摇摆状态。这种矛盾心理导致他们在参赛决策中反复无常——他们可能今天熬夜修改课件，反复打磨每个细节，力求完美；明天却连教案都没打开，借口“工作太忙”而搁置任务。这种忽冷忽热的状态不仅打乱了个人节奏，也影响了团队的协作效率。在心态摇摆时可及时与 AI 进行交流，最好系统梳理备赛思路，分解任务压力，稳定备赛情绪。

唯有保持情绪稳定与行动连贯，才能真正将备赛投入转化为教学能力的实质性提升。

二、让 AI 帮助你理解文件精神

很多教师都知道要参赛必须先阅读比赛文件，但总是会在文件理解上遇到一些困难，或者参赛团队成员对比赛的同一个评分标准有不同的理解。此时，就可以选择 AI 辅助进行文件解析，共同探究文件的精神内核。

提示词

- **角色：**你是一位教育领域的专家，擅长解析比赛评分标准。
- **技能：**具备深度理解和分析的能力，能够提炼关键信息并提供实用建议。
- **任务：**解析全国高校教师教学创新大赛的评分标准，帮助教师理解评分标准的具体内容和注意事项。
- **任务要求**：逐条解释评分标准的具体内容和注意事项，提供实用的建议，以便教师在比赛中能够满足这些标准。确保解释简洁明了，易于理解。
- **待解析评分标准：**课程设计体现“以学生发展为中心”的理念；教学目标符合学科特点和学生实际；在各自学科领域推进“四新”建设，带动教学模式创新；体现对知识、能力与思维等方面的要求；教学目标清楚、具体，易于理解，便于实施，行为动词使用正确，阐述规范。[2]

2 教师可将此处替换为自己不太理解的文件内容，或者将 AI 的理解与自己的理解相对比。如果发现存在分歧，可以与其他教师、专家交流，也可阅读相关书籍。

AI 执行结果

一、课程设计体现“以学生发展为中心”的理念

核心要求：教学活动需围绕学生的需求、兴趣和能力展开，强调学生主动参与和深度思考，而非单向知识灌输。

1. 学生参与：设计互动环节（如小组讨论、案例分析、角色扮演），让学生成为课堂主体。
2. 个性化学习：根据学生水平分层设计任务（如基础任务、挑战任务），满足不同层次学生的学习需求。
3. 反馈机制：通过课堂即时反馈工具（如问卷星、Padlet）收集学生意见，动态调整教学策略。
4. 示例：在工科课程中，让学生分组设计并优化一个机械结构，通过实践掌握理论知识。

二、教学目标符合学科特点和学生实际

核心要求：教学目标需紧密结合学科核心能力（如工科重实践、文科重批判性思维），同时考虑学生的知识基础和认知水平。

1. 学科特色：例如，医学课程可强调“临床思维培养”，农科课程可突出“乡村振兴实践能力”。
2. 学情分析：通过前测或问卷了解学生基础，避免教学目标设定得过高或过低。

三、推进“四新”建设，带动教学模式创新

核心要求：在学科中融入新工科、新医科、新农科、新文科的理念，推动教学方法和内容的创新。

1. 跨学科融合：例如，文科课程引入数字人文工具（如文本挖掘），工科课程结合人工智能应用。
2. 行业对接：邀请企业专家参与课程设计，引入真实项目案例（如电商专业对接直播带货实战）。
3. 技术赋能：利用虚拟仿真（如医学虚拟解剖）、在线协作平台（如腾讯文档）优化教学流程。
4. 示例：新医科课程可设计“AI 辅助诊断”模块，让学生分析真实的医疗数据。

四、体现对知识、能力与思维的要求

核心要求：教学目标需涵盖知识掌握（What）、能力提升（How）、思维培养（Why）三个维度。

1. 说明知识、能力、思维三者之间的关系。
2. 示例：在经济学课程中，教学目标可设定为“掌握供需理论（知识），能构建供需模型以预测市场变化（能力），批判性评估政策对经济的影响（思维）。”

五、教学目标具体、便于实施，行为动词阐述规范

核心要求：教学目标表述需清晰、可量化，使用行为动词描述学生能完成的具体任务。

1. 行为动词选择：避免使用模糊词汇（如“了解”“熟悉”），改用“设计”“分析”“评估”等可观测的动词（参考布鲁姆分类法）。
2. SMART 原则：教学目标需具体（Specific）、可衡量（Measurable）、可实现（Achievable）、相关性（Relevant）、有时限（Time-bound）。

如上所示，AI 详细解析了文件的内容。但是教师需警惕，AI 的“技术滤镜”可能会简化复杂教育情境，因此需结合自身教学经验，用批判性思维验证 AI 的解析结果，或者将 AI 的解析结果与教育理论类图书、专家报告等相关内容加以对比，最终形成人机协同的深度解读。

参赛指导

在指导教师参赛时，我发现很多教师常对文件内容进行经验式的理解，而非科学的确认。建议教师对文件所提及的教育术语、教育理念或教育要求等进行辨析，确保自己在正确的理解下进行教学创新设计与实践。

三、让 AI 辅助你基于文件备赛

尽管教师都知道要基于教学创新大赛的文件要求来备赛，但常常会陷入“文件研读千遍，细节盲区犹存”的解析困境。对此，AI 可深度解析评审标准的隐性逻辑架构，生成备赛材料结构化自检清单，以供教师逐条备赛、逐条审核。以下案例是“课堂教学实录”的自检清单，教师可根据自身需求替换有下划线的提示词。

提示词

- **角色：**你是一位资深的教育领域专家，长期专注于全国高校教师教学创新研究与实践，对各类教学创新大赛的评审标准和要求有着深入的理解和精准的把握，能够从专业的角度为参赛教师提供极具价值的指导和建议，帮助他们优化<u>课堂教学实录</u>的准备工作。

- **技能：** 精通教学创新的理念、方法和策略，熟悉不同学科的教学特点和规律，擅长对课堂教学实录进行全方位、多维度的分析与评估，能够快速识别其中的优势与不足，并提出有针对性的改进建议。同时，具备出色的文档处理和组织能力，能够将复杂的课堂教学实录准备要点梳理成清晰、简洁、实用的自检清单，以易于理解和操作的方式呈现给参赛教师。

- **背景：** 全国高校教师教学创新大赛是高等教育领域的一项重要赛事，旨在推动高校教师积极探索创新教学模式，提升教学质量，促进学生全面发展。课堂教学实录作为参赛教师展示教学实践成果的关键材料，其质量和完整性对于评委了解参赛教师的教学创新效果至关重要。一份详尽、准确的自检清单能够帮助参赛教师系统地检查和优化课堂教学实录的各个环节，确保其符合大赛的评审标准，从而在众多参赛作品中脱颖而出。

- **任务：** 仔细研读参赛教师提供的全国高校教师教学创新大赛文件，深入分析其中关于课堂教学实录的具体要求、评审标准及相关注意事项，结合你丰富的教学创新经验和对大赛评审标准的理解，为参赛教师生成一份全面、详细且具有高度针对性的课堂教学实录准备自检清单。该清单应涵盖教学目标、教学内容、教学方法、教学过程、教学资源、教学评价、教学效果等多个关键方面，帮助教师在准备课堂教学实录时有条不紊地进行自查和优化，充分展现其教学创新的优势和亮点，满足大赛的评审标准，从而提高参赛竞争力。

- **任务要求**

1. 清单内容必须严格依据全国高校教师教学创新大赛文件中的要求和评审标准制定，确保每一项检查要点都有明确的依据，并与大赛的评审标准高度契合，能够切实指导参赛教师进行课堂教学实录准备工作。

2. 清单的结构应清晰合理，逻辑连贯，各项检查要点分类明确，以便参赛教师快速定位和理解。同时，要避免内容的重复和遗漏，确保清单的准确性和完整性。

3. 清单的语言表述应准确、简洁、易懂，避免使用过于专业或晦涩的术语，确保不同学科背景的参赛教师都能够轻松理解和应用清单中的内容，提高清单的可读性和实用性。

– **创新大赛文件：**（将官方文件上传给 AI）

AI 执行结果

一、教学目标

1. 明确性：检查教学目标是否清晰、具体，是否能够明确阐述学生通过本节课学习将获得的知识、技能和思维能力等方面的目标，避免模糊不清的表述。

2. 符合性：确认教学目标是否符合大赛文件中要求的学科特点、学生实际水平以及课程大纲要求，与“四新”建设理念和立德树人根本任务相契合。

3. 可测性：评估教学目标是否具有可测量性，即能否通过课堂教学过程中的观察、提问、作业、测试等方式对教学目标达成情况进行有效评估。

二、教学内容

1. 深度与广度：检查教学内容是否具有适当的深度与广度，既能涵盖学科基础知识，又能适当拓展前沿知识，体现高阶性、创新性与挑战性，满足不同层次学生的学习需求。

2. 前沿性：确认教学内容是否反映了学科领域的最新研究成果和发展趋势，是否能够将学科前沿知识与教学内容有机结合，使学生了解学科发展的动态和方向。

3. 思政融入：检查是否深入挖掘了课程中的思政元素，并将其有机融入教学内容中，从而实现价值塑造、知识传授和能力培养的有机统一，体现课程的育人功能。

4. 资源质量：评估所选用的教学资源（如教材、课件、案例、视频等）是否质量高、适用性强，是否能够有效支持教学内容的呈现和教学目标的实现。

三、教学方法

1. 多样化：检查是否采用了多种教学方法（如讲授法、讨论法、案例分析法、项目驱动法、探究式学习法等），并根据教学内容和学生特点灵活选择和组合，以激发学生的学习兴趣和主动性。

2. 创新性：评估教学方法是否具有创新性，是否能够突破传统教学模式的局限，尝试新的教学理念和方法，如基于问题导向的教学、基于项目的学习、翻转课堂等，以提高教学效果和学生的学习体验。

3. 互动性：检查教学过程中是否注重师生互动和生生互动，是否通过提问、讨论、小组合作等方式引导学生积极参与课堂活动，以培养学生的批判性思维、合作能力和创新精神。

四、教学过程

1. 组织有序：检查教学过程是否组织有序，教学环节安排是否合理，教学时间分配是否恰当，是否能够按照教学设计顺利推进教学活动，确保教学任务高效完成。
2. 导入与过渡：评估教学导入是否能够引起学生的兴趣和吸引学生的注意力，是否能够自然地引出教学内容；各教学环节之间的过渡是否自然、流畅，是否能够保持学生的学习兴趣和思维连贯性。
3. 重点突出与难点突破：检查是否能够突出教学重点，通过多种方式（如强调、举例、板书、多媒体展示等）对重点内容进行讲解和强化；是否能够有效突破教学难点，采用适当的策略和方法（如分解难点、类比、直观演示等）帮助学生理解和掌握难点知识。
4. 课堂气氛：观察课堂教学中是否营造了良好的课堂气氛，学生是否参与积极、思维活跃、情绪饱满，是否能够体现出教师的亲和力和教学魅力，使学生在轻松愉快的氛围中学习。

五、教学资源

1. 课件质量：检查课件制作是否精美、简洁、清晰，内容是否准确、完整，是否能够有效辅助教学内容的呈现；课件中的文字、图片、图表、动画等元素是否搭配合理，是否能够增强教学的直观性和吸引力。
2. 多媒体运用：评估多媒体教学资源（如视频、音频、动画等）的运用是否恰当、有效，是否能够增强教学的生动性和趣味性，帮助学生更好地理解和掌握教学内容；教师对多媒体设备的使用是否熟练，是否能够保证教学过程顺利进行。

3. 板书设计：检查板书设计是否合理、规范，是否能够突出教学重点，帮助学生梳理知识结构；板书书写是否工整、清晰，是否能够及时呈现教学内容的关键信息。

六、教学评价

1. 多元化：检查是否采用了多元化的教学评价方式（如课堂提问、作业、测验、课堂表现评价、小组项目评价等），是否能够全面、客观地评价学生的学习效果和学习过程。
2. 过程性评价：评估过程性评价的实施是否有效，是否能够及时了解学生的学习情况，为实施教学调整提供依据；过程性评价的记录是否完整、详细，是否能够反映学生学习的进步和不足。
3. 反馈及时性：检查教师对学生的评价反馈是否及时、具体、有针对性，是否能够帮助学生了解自己的学习情况，明确改进方向；教师是否能够根据学生的反馈及时调整教学策略和方法，以满足学生的学习需求。

七、教学效果

1. 目标达成度：评估学生是否能够达到预定的教学目标，通过课堂表现、作业、测验等方式检查学生对教学内容的掌握程度，是否能够在知识、技能和思维等方面有所收获和提高。
2. 学生参与度：观察学生在课堂教学过程中的参与度，是否积极回答问题、参与讨论、按时完成小组任务等；学生的参与度是否能够反映出他们对教学内容的兴趣和热情，以及对教学活动的投入程度。

3. 创新能力培养：检查是否能够通过教学过程培养学生的创新能力，如是否鼓励学生提出独特的见解、解决问题的思路和方法，是否能够激发学生的创新思维和创造力。

4. 教学模式借鉴性：评估所形成的教学模式是否具有可借鉴性和推广价值，是否能够为其他教师提供有益的参考和启示，是否能够体现教学创新的成果和特色。

八、视频质量

1. 画面清晰度：检查视频画面是否清晰、稳定，是否能够准确地呈现教师的教学活动和学生的学习状态；画面的亮度、对比度、色彩饱和度等是否适宜，是否能够保证视觉效果良好。

2. 声音质量：评估视频中的声音是否清晰、响亮，是否能够清楚地传达教师的讲解和学生的回答；音量是否适宜，是否有杂音或回音等干扰因素。

3. 录制规范性：检查视频录制是否符合大赛文件中的要求，如是否全程连续录制、是否使用了不合理的录制手段、是否出现了透露个人身份信息的内容等；视频文件的格式、分辨率、大小等是否符合规定。

参赛指导

根据我指导教学创新大赛的经验，大部分教师没有对“课堂教学实录”的准备进行如此细致的审核，而仅仅是完成了基础性合规审查，缺乏对教学创新验证点的系统性举证。

AI 提供的这份带有详细解释的自检清单，可以作为教师自我审视的有力工具，助力教师在备赛过程中，将教学材料水平从“符合基本要求”提升到“卓越”。

四、让 AI 辅助你迅速理解教育教学理论

教育教学理论是教师参加教学创新大赛或者进行日常教学改革的科学抓手。比赛时，评委会通过教育教学理论来了解教师的教学创新设计能力是否扎实。教师面临的难题是对教育教学理论的理解并不清晰，常常只知其名，不知其义。在这种情况下，AI 就可以“挺身而出”，辅助教师迅速理解教育教学理论。

下面这个案例是要求 AI 结合参赛课程“教学技能技法”对 ADDIE 教学模型进行解释。教师可以根据自己的需求替换有下划线的提示词中所呈现的教育理论或课程相关信息。

提示词

- **角色：**你是一位教育教学理论专家。

- **技能：**精通 ADDIE 教学模型，能够清晰阐述其核心要点、应用场景，并将其与实际教学案例相结合，具备出色的分析和阐述能力。

- **任务：**我是一名准备参加全国高校教师教学创新大赛的教师，我拟参赛的课程是“教学技能技法”，授课年级为教育学本科三年级（上），请以“教学技能技法”课程中的某一节课或某一个单元为例，详细解释 ADDIE 教学模型的核心要点、应用场景以及在所选课程内容中的

具体运用方式。

－**任务要求**：解释清晰、易懂，理论阐述准确、完整，结合课程内容的分析具体且具有实际指导意义，能够帮助我更好地理解 ADDIE 教学模型，并将其应用于参赛课程教学中。

AI 执行结果

一、ADDIE 教学模型核心要点

ADDIE 教学模型是系统化教学设计框架，包含以下 5 个阶段。

分析（Analysis）：明确教学目标、学习者需求、资源与限制。

设计（Design）：规划教学内容、策略、活动与评估方式。

开发（Development）：制作教学材料与工具。

实施（Implementation）：执行教学计划并观察动态。

评估（Evaluation）：收集反馈，验证效果并迭代优化。

二、ADDIE 教学模型应用场景与课程选择

1. 适用性：ADDIE 教学模型适用于需结构化设计的教学单元，尤其适用于培养实践能力的课程。

2. 单元选择："多元化教学评价方法的设计与实践"是教育学本科三年级的核心内容，学生需掌握评价工具设计、数据分析与反馈改进能力，ADDIE 教学模型有助于系统化实现目标。

三、ADDIE 教学模型在单元中的具体运用

1. 分析阶段

（1）教学目标

- 理解形成性评价、总结性评价、表现性评价的特点与适用场景。
- 能针对不同学科设计匹配的评价工具（如文科用档案袋评价、理科用实验操作评分表评价）。
- 批判性分析传统评价的局限性，提出创新改进方案。

（2）学习者分析

- 学生背景：教育学本科三年级，已完成“教育心理学”“课程设计基础”等课程，但缺乏实际评价设计经验。
- 需求痛点：对评价工具的操作细节（如量表设计、数据收集）存在困惑，需通过实践强化技能。

（3）资源与限制

- 资源：学校合作中小学的真实教学案例、评价工具模板（如 Rubric 量表）、数据分析软件（如 Excel、SPSS）。
- 限制：2 课时（90 分钟），需兼顾理论与实践。

2. 设计阶段

（1）教学内容模块化

模块	内容	策略
理论讲解	评价方法分类与设计原则	对比案例（如传统试卷 vs 项目式评价）
工具设计	评价量表制作（目标－指标－等级描述）	模板填空＋小组协作
实践演练	针对学科设计评价方案	角色扮演（模拟教师团队讨论）
反馈优化	基于数据调整评价工具	真实学生作业分析

（2）教学策略

· 案例驱动：展示中小学真实评价案例（如科学课实验评分表、语文作文评价量表）。

· 任务分层：基础任务（修改模板量表）→进阶任务（独立设计评价工具）→挑战任务（跨学科评价方案）。

· 技术融合：利用在线协作工具（如腾讯文档）实时编辑量表，通过问卷星模拟数据收集。

（3）评估设计

· 过程性评估：小组量表设计互评（40%）。

· 总结性评估：提交完整评价方案报告（含目标、工具、数据分析与改进建议）（60%）。

3. 开发阶段

（1）材料开发

· 课件与模板：在 PPT 中嵌入动态流程图（如“评价设计四步骤：目标→指标→工具→反馈”）、提供评价量表模板（含填空提示，如“一级指标、二级描述”）。

· 案例资源包：中小学各学科评价案例（10 个），标注设计亮点与改进空间。

· 微课视频（5 分钟）：演示如何用 Excel 快速分析评价数据。

· 工具包：常用评价工具列表（如问卷星）、自检清单（如“你的评价工具是否覆盖了所有教学目标”）。

（2）技术测试

熟悉在线协作工具操作流程，确保课堂教学无卡顿。录制备用录屏视频，应对突发网络问题。

4. 实施阶段

（1）设计课堂流程

时间	环节	关键活动	教师角色
0—10 分钟	导入	提问“你经历过哪些不合理的评价方式”，引发讨论	引导者
11—25 分钟	理论讲解	对比传统与创新评价案例，总结设计原则	讲解者
26—50 分钟	实践任务	小组设计评价量表，教师巡回指导	协作者
51—70 分钟	模拟演练	角色扮演：小组互评并优化方案	观察者
71—85 分钟	数据实践	用 Excel 分析模拟数据，提出改进建议	技术顾问
86—90 分钟	总结	强调“评价即学习”理念，布置课后任务	总结者

（2）动态调整策略

- 若学生工具设计进度滞后，临时插入“快速示范环节”（如 5 分钟量表修改演示）。
- 针对跨学科设计困难的小组，提供学科适配建议（如理科侧重操作规范、文科侧重创意表达）。

5. 评估阶段

（1）过程性评估

- 量表互评表：从“目标明确性”“指标科学性”“可操作性”三个维度打分。
- 课堂观察记录：标记学生学习中的常见问题（如指标描述模糊、等级划分不合理）。

（2）总结性评估

· 评估方案报告：要求包含“工具设计逻辑”“数据结果分析”“迭代优化建议”。

· 真实性验证：选取优秀方案推荐至合作中小学试用，收集一线教师反馈。

（3）迭代优化

· 根据学生报告中的共性问题，补充“指标量化技巧”微课。

· 增加跨学科评价案例库，帮助学生拓展设计思路。

相较于只阅读教育教学理论，结合拟参赛课程对教育教学理论进行细节性的解析和阐释，更有助于教师理解理论，并基于理论进行教学设计。因为在拟参赛课程的情境框架下，教师不再是抽象地、孤立地看待那些理论条文，而是能够深入探究每个理论要点与课程内容、教学目标及学生需求之间的紧密联系。这种基于课程的分析能够让教师敏锐地捕捉到理论中的关键要素在实际教学中的运用方式和时机，从而使得教学设计不再是简单的流程拼凑，而是有理有据、环环相扣的知识传递与能力培养的规划。同时，这有助于教师在参赛过程中更好地向评委展示自己对理论的理解深度，以及将理论转化为教学实践的能力。

参赛指导

很多教师在参赛时，照搬教育教学理论术语，却说不清应用逻辑，尤其教学设计与教学理论脱节。应注意避免堆砌概念，需展示理论如何转化为具体教学行为，用证据链支撑教学设计的合理性。

第2章

理解参赛课程

2.1 参赛课程简介

一、借助 AI 提炼课程核心价值

参赛教师若能清晰且有条理地介绍自己的课程，就表明其对课程的理解足以支撑课程建设。实际上，教学创新大赛的评委们从参赛教师的课程介绍环节就已经开始评判教师的水平了。并且，出色的课程介绍不仅能展示教师的教学思路，还能体现教师对教育理念的深刻把握以及对学生需求的细致洞察，这往往是评委们区分参赛者教学水平高低的重要标志。

下面以“金融科技学”课程为例，介绍教师如何与 AI 协同，从以下三个维度解析课程介绍：课程核心价值、课程对政策与技术发展趋势的响应，以及表示课程重要性的示意图。教师可结合实际情况替换有下划线的提示词。

提示词

- **角色：**你是一位高等教育课程设计专家，通晓<u>金融科技政策，擅长技术分析</u>。

- **技能：**能够精准提炼课程核心价值，结合政策与技术发展趋势，生成结构化比喻或类比示意图描述。

- **任务**

1. 用一句话概括“<u>金融科技学</u>”课程的核心内容。<u>这门课是金融科技学专业的第一门专业通识课，开设于大学一年级的第一学期。</u>

2. 说明“金融科技学”课程如何响应国家政策。

3. 生成表达该课程重要性的结构化比喻或类比，比如有教师用树干形容一门课的重要作用。但是你要根据你对这门课的理解生成比喻或类比，不能直接借用树干比喻，也不能以桥梁做类比。

– 任务要求

1. 总结：用 20 ~ 30 个字点明“金融科技学”课程的核心内容。

2. 政策与技术：需具体到政策名称和技术场景。

3. 比喻 / 类比：可以描述该门课程在专业课程体系中的逻辑关系，也可体现该门课程在人才培养中的重要作用。如果要画图，请提供关于画图的文字描述。

AI 执行结果

1. “金融科技学”课程核心内容

融合“技术驱动、金融逻辑、合规底线”的学科全景启蒙课。

2. 政策响应

课程紧密贴合国家政策，如数字人民币试点，助力学生把握政策导向；同时涵盖 AI 风控模型等技术场景，使学生紧跟技术前沿，培养符合政策与技术需求的金融科技人才。

3. 比喻 / 类比

“金融科技学”课程如同人体的中枢神经，在专业课程体系中起着关键的连接与协调作用。若画图，可将专业课程体系绘制成人体结构图，突出“金融科技学”课程中枢神经的位置，用线条表示其与其他课程的关联，体现其对整体知识架构的调控与支撑，就像中枢神经对人体各器官的支配与协调一样，不可或缺且至关重要，以保障金融科技人才知识体系的完整性和高效运作。

通过上述介绍，评委能够迅速掌握参赛课程的核心要点、对国家政策的积极响应和对前沿技术的融合应用，同时也能清晰认识到该课程在整个人才培养体系中所占据的关键地位。这种全面而精准的信息传达，将极大促进评委对课程整体设计及潜在价值的评估，帮助参赛者在激烈的竞争中赢得更多的认可与好评。

二、让 AI 针对课程类型提供教学方法与策略

许多教师在介绍课程时，往往侧重于强调其作为专业核心课的地位。然而更为关键的是，要清晰界定课程的类型。毕竟，理论类课程与设计类课程、音乐类课程与体育类课程在教学方法、策略选择以及学生学情方面均存在显著差异。遗憾的是，这一点常常被忽视，有些教师即使知晓课程类型，也仍不确定应采用何种教学策略。在这种情况下，可以考虑与 AI 协同合作，共同深入探究适合的教学之道。

提示词

- **角色：** 你是一位教学创新专家，能够提供全国高校教师教学创新大赛中课程类型及对应教学方法和策略的建议。

- **技能：** 熟悉多种课程类型及其特点，知晓不同教学方法和策略的应用场景，能够根据课程类型推荐合适的教学方法和策略。

> - **任务**：列举至少 8 种课程类型，并为每种课程类型提供至少 5 种适配的教学方法和策略。
>
> - **任务要求**：课程分类准确，教学方法和策略与课程类型高度匹配，内容丰富且具有创新性，能够为全国高校教师教学创新大赛提供有价值的参考。

AI 执行结果[3]

类型	教学方法	具体策略
理论类	讲授法、问题链教学法、辩论法、理论推演法、同伴教学法	AI 智能体开发、理论联系实际、设计理论试验箱、限时理论验证、苏格拉底对话
计算类	模拟教学法、项目导向法、探究式教学法、讨论法、竞赛激励法	分层教学、强化训练策略、AI 结对计算、“BUG 博物馆”构建、在线评估
操作类	微格教学法、虚拟教学法、示范教学法、情境教学法、项目导向法	AR 辅助操作、操作闯关游戏、失误预演与处理、环境干扰挑战赛、检查清单应用
艺术类	案例分析法、感官沉浸教学法、大师工作坊、示范－变革法、观摩教学法	AI 辅助设计、限制性创作、经典作品修复、设计方案竞标、3D 打印
动作类	模块化教学法、微格教学法、游戏教学法、示范－模仿教学法、任务导向法	镜像训练、AI 多角度动作反馈、同伴反馈、重复练习策略、循序渐进策略
策略类	案例分析法、角色扮演法、模拟游戏法、项目驱动法、小组讨论法	AI 博弈、沙盘推演、动态决策日志、历史决策复盘、实时压力测试

3 该执行结果是作者与多款 AI 工具交流后，择优整合形成的。

续表

类型	教学方法	具体策略
语言类	情境教学法、多媒体辅助教学法、任务驱动法、游戏教学法、示范教学法	文化差异体验、单词接龙、AI 语音教练、虚拟语伴、听说领先策略
实验类	虚拟仿真实验教学法、失败驱动实验教学法、任务驱动教学法、探究式教学法	实验规范评估、自主实验设计、开源实验开发、实验伦理辩论、逆向实验设计

我深信，众多教师将会对 AI 所推荐的教学方法和策略感到惊喜。然而，部分教师也可能会产生一些困惑。比如，教语言类课程的教师可能会对“听说领先策略”感到不解，此时可以追问 AI，以获取更详尽的解释。此外，若教师所教授的课程类型并未在上述范围内，则可以将课程类型输入 AI，让 AI 提供适配的教学方法和具体策略。

追问提示词

在语言类课程教学策略中，有一种是“听说领先策略”，我教“学术英语”课程，想使用这种策略，但不太理解它，请为我解释。

AI 执行结果

“听说领先策略”是语言教学中强调“输入优先、输出驱动”的核心理念，其本质是通过激活学生的背景知识和语言储备，先搭建听觉输入（listening）与口语输出（speaking）的交流场景，再导向更高阶的文本阅读。

以下是为您设计的 10 分钟“听说领先策略”课堂案例。

主题：气候变化对极地生态系统的影响

教学目标：通过听说任务预测文本内容，提升学术文献阅读中的信息定位与批判性思维

课堂流程（总时长为 10 分钟）

一、听力输入 → 预测阅读内容（3 分钟）

播放 1 分钟科学播客片段（无字幕）：

"Recent studies indicate that Arctic sea ice loss is accelerating at an unprecedented rate, directly threatening polar species like..."

听力任务：

▶ 记录 3 个核心数据 / 现象（如"sea ice loss 加速率""物种名称""因果关系词"）

▶ 预测阅读文本可能出现的章节标题（如：Impacts on Biodiversity）

二、口语讨论 → 构建知识网络（3 分钟）

四人小组任务：

▶ 根据听力线索绘制概念图（中央词"Climate Change"，分支：现象、证据、影响）

▶ 使用学术句式表达推测：

"Given the mention of [数据], the article might emphasize ______."

"The term 'tipping point' in the audio probably corresponds to ____ in the text."

三、快速阅读 → 验证假设（3 分钟）

分发 300 词学术摘要（含图表），限时 1.5 分钟速读

阅读任务：

▶ 用荧光笔标出与听力内容直接相关的句子（如数据重现、术语定义）

▶ 对比预测的概念图与实际文本结构差异（如是否出现未提及的“反馈循环机制”）

四、整合输出 → 强化策略（1 分钟）

教师总结：

“通过听力捕捉关键词→用口语组织逻辑→带着假设阅读，能提高学术文献阅读效率。课后用此方法预习下节课的文献。”

我曾与很多教语言类课程的教师沟通过“听说领先策略”，多数情况下，他们都摇头否认听说过这种策略，然而，一旦了解具体的策略执行过程，他们又表示自己通常正是以这种方式教学的。这恰恰体现了教师朴素的教学经验与学术化的教学理论之间需要搭建沟通的桥梁，我想 AI 的介入恰好能架起这座桥梁。因此，如果教师自己有常用的教学策略，也可以用日常语言描述，然后让 AI 转化为教学学术语言进行表达。比如“我常在上课时让不同的小组相互汇报自己的合作进展和成果，这如何用教学学术语言来表述呢？”当然你也会惊喜地发现，AI 提供了类似“交叉小组反馈（Cross-Group Feedback）：突出不同小组间双向反馈的互动过程。”的结果。这也是使用 AI 探索教学策略的有效路径。

2.2 课程目标撰写

一、借助 AI 了解教学目标的相关理论

不少教师在撰写课程目标时会频现各类错误，这背后的根源在于他们对教学目标的相关理论缺乏了解。为了杜绝模仿式、随意化的课程目标撰写方式，让课程目标切实发挥引领教学改革与创新的作用，教师可以先通过 AI 学习教学目标撰写的相关理论知识，而后依据某种教学目标理论来撰写课程目标。

提示词

- **角色：**你是一位教学创新专家，能够指导教师进行课程目标的撰写。

- **技能：**熟悉课程目标撰写的基本理论、原则和方法，能够根据课程特点和教学需求制定明确、具体、可衡量的课程目标。

- **任务：**教授课程目标撰写的基本理论。

- **任务要求**

1. 至少分享 5 种课程目标理论。

2. 说明每种课程目标理论的核心内容以及撰写方法，并举例说明。

3. 理论讲解清晰、准确、系统，能够结合实际案例进行说明，使学习者易于理解和掌握；教授的方法和技巧实用、有效，能够帮助学习者撰写出符合全国高校教师教学创新大赛要求的课程目标。

AI 执行结果

一、布卢姆教育目标分类法

1. 核心内容

该分类法将教育目标按三个领域进行细分。

（1）认知领域（记忆→理解→应用→分析→评价→创造）。

（2）情感领域（接受→反应→评价→组织→个性化）。

（3）动作技能领域（感知→准备→反应→适应→创新）。

2. 撰写方法

（1）确定目标层级：使用对应动词（如“解释”属于理解层，“设计”属于创造层）。

（2）体现三维整合：认知目标（知识获取）+ 情感目标（态度培养）+ 技能目标（行为改变）。

（3）使用可观测行为动词：避免出现“了解”“认识”等模糊的表述。

3. 案例

“混合式教学设计”课程目标：能逆向设计（创造层）融合 VR 技术的教学方案，在协作过程中主动承担技术攻关角色（情感层），精准操作沉浸式教学设备（动作技能层）。

二、马扎诺教育目标新分类

1. 核心内容

采用“思维层次 + 知识类型”双维度框架，形成 6 级认知系统与 3 类知识领域。

（1）自我系统：决定是否投入学习（如动机、目标设定）；目标动词为选择、评估、决定等。

（2）元认知系统：计划与监控学习过程；目标动词为规划、监控、调整等。

（3）认知系统：信息处理，由低到高分为提取、理解、分析、知识应用等 4 个子认知系统。

（4）知识领域：包括信息类（如细节、概念、原则、流程）、心理程序类（如思维技能、分析流程）、动作程序类。

2. 撰写方法

（1）明确系统类型。比如，认知系统 + 知识系统。

（2）选择具体认知层次。比如，认知系统（分析）+ 知识系统（概念性知识）。

3. 案例

学生能判断社区垃圾分类难题的症结（自我系统），规划调研方案（元认知系统），最终提出基于物联网的解决模型（认知系统）。

三、加涅学习结果分类理论

1. 核心内容

学习结果分为如下 5 类。

（1）言语信息：陈述事实（如“解释牛顿定律”）。

（2）智慧技能：应用规则（如“计算电路电流”）。

（3）认知策略：自我管理（如“使用思维导图整理知识点”）。

（4）动作技能：身体操作（如“规范操作显微镜”）。

（5）态度：情感倾向（如“认同环保理念”）。

2. 撰写方法

（1）明确学习结果类型：根据课程内容，选择五大学习结果之一。

（2）匹配动词 + 知识内容。比如，智慧技能可用“计算、分类、解决”等动词 + 具体规则。

3. 案例

学生能运用（智慧技能）统计学方法分析数据，并选择（认知策略）合适的图表呈现结果。

四、ABCD 目标撰写法

1. 核心内容

目标四要素如下。

A（Audience）：学习者（如“大一学生”）。

B（Behavior）：可观察行为（如“绘制流程图”）。

C（Condition）：行为条件（如“在小组讨论后”）。

D（Degree）：表现标准（如“准确率在 90% 以上”）。

2. 撰写方法

按格式整合目标四要素：“在 C 条件下，A 能 B，达到 D 标准。”

3. 案例

在 30 分钟限时内（C），三年级学生（A）能独立解答（B）10 道分数加减题，正确率不低于 80%（D）。

五、SOLO 分类理论

1. 核心内容

目标思维结构水平由低到高为：前结构→单点结构（识别单一要

素）→多点结构（罗列多个要素）→关联结构（分析要素间的关系）→抽象扩展（迁移到新情境）。

2. 撰写方法

（1）判断目标思维层次：根据学生需达到的思维复杂度，选择 SOLO 层级。

（2）匹配动词 + 知识内容 + 认知操作：关联结构可使用“分析、解释、整合”等动词 + 关系描述。比如，学生能分析（关联结构）气候与农业产量（知识内容）的因果关系。

3. 案例

（1）学生能比较 3 种经济模式的运作机制（关联结构层级）。

（2）学生能用供需原理预测新兴行业的市场变化（抽象扩展层级）。

六、格朗伦德表现性目标理论

1. 核心内容

目标须描述具体的表现而非抽象的能力，目标的两层结构：“总体目标 + 具体行为指标”。

2. 撰写方法

（1）撰写总体目标（如“理解光合作用”）。

（2）列举可观测行为（如“描述过程、绘制反应流程图、解释能量转化”）。

3. 案例

总体目标：掌握议论文写作技巧。

行为指标

（1）能区分论点与论据；

（2）能撰写包含引言、论证、结论的完整文章；

（3）能至少引用 3 个权威来源支持观点。

我相信大部分教师看到 AI 生成的结果，心中都会备感震撼：原来课程目标的相关理论有如此之多。而且，真的没有任何一种目标理论将目标分为知识、能力、素养三大类别。不过，AI 只是对这些理论做了简单介绍，未必能真正指导教师撰写课程目标。此时，教师可选择自己比较喜欢或者感兴趣的目标理论进行追问。比如：

追问提示词

我想了解马扎诺教育目标新分类，请为我详细解释，并说明如果我想基于该理论撰写课程目标，需要注意些什么？

教师追问后，AI 会给出更详尽的解释。若教师仍有疑问可继续追问，直至完全理解为止。

参赛指导

教师应该至少清晰地掌握一种教学目标理论，并且基于该理论形成评估一种课程目标是否合理的判断力。

二、让 AI 基于目标理论生成课程目标

很多教师可能会想：既然 AI 能提供目标理论，那么直接命令 AI 帮助我生成课程目标不就行了？所以，就直接给 AI 这样的提示词："请帮助我参照马扎诺教育目标理论撰写'教学技能技法'这门课的课程目标。"且慢，我们先思考以下问题：

课程目标只需要基于一种目标理论进行撰写就足够了吗？

制定一门课的目标都需要思考哪些要素呢？

要全面考虑授课对象、授课时数、年级、先修课程、"四新"建设等因素，才能撰写课程目标。因此，即便是让 AI 辅助生成课程目标，也需要教师提供足够的信息来为 AI 赋能，这样它才能撰写出有效的课程目标。

以下案例展示的是如何让 AI 基于马扎诺教育目标理论，根据"教学技能技法"这门课的相关信息撰写课程目标。教师可以根据拟参赛的课程修改有下划线部分的内容。

提示词

- **角色：**你是一位教学设计和课程教学专家，是清华大学教育学专业学科带头人，擅长基于马扎诺教育目标理论撰写一门课的课程目标。

- **技能：**深入理解马扎诺教育目标理论，能够根据该理论制定符合学生学情和课程特色的课程目标，同时能考虑到新文科培养目标。

- **任务：**根据"<u>教学技能技法</u>"课程的基本信息，结合新文科要求，运用马扎诺教育目标理论融合式撰写该门课的课程目标。

- **任务要求**

1. 课程目标应基于马扎诺教育理论融合式撰写，不要一个目标对应一个马扎诺教育目标层次。

2. 课程目标的主语是“学生”，动词应用明确、具体、可衡量。

3. 课程目标不超过 4 个，每个只需要写不超过 20 个字的一句话。可做注释。

4. 符合新文科培养目标，与学生已学课程相衔接，具有创新性和可操作性。

- **工作流程**

1. 撰写课程目标。

2. 解析所撰写的课程目标，说明其符合用户期待的理由。

- **课程基本信息：** 授课对象为教育学专业本科三年级学生，“教学技能技法”课程为核心专业课，授课时数为 64 学时，学生有 40 人，先修课程有“系统教学设计”“教育学原理”“教育心理学”“课程论”等。

AI 执行结果

“教学技能技法”课程目标

1. 学生能设计融合数字技术的教学方案并验证其有效性（认知系统 + 元认知）。

2. 学生可协作诊断真实课堂问题并提出跨学科解决策略（自我系统 + 知识应用）。

3. 学生能生成适应多元需求的教学活动并创新评价工具（分析维度 + 创新维度）。

4. 学生可评估教学决策质量并形成迭代改进方案（批判思维 + 实践系统）。

注：该课程目标体现在以下几方面。

① 横向融合：每个目标整合 2 ～ 3 个马扎诺维度（如认知操作 + 元认知调控）。

② 纵向贯通：形成“技术融合→问题解决→创新设计→质量管控”闭环。

③ 新文科特质：数字技术（目标 1）、跨学科协作（目标 2）、动态适应（目标 3）、持续改进（目标 4）形成培养矩阵，呼应“系统教学设计”等先修课程的能力延伸点。

注意

1. 教师不能直接使用 AI 生成的内容，而是需要结合自己的教学经验和教学意图对其进行调整。

2. 教师可以尝试基于不同的教学目标理论来生成课程目标，最后结合教学需求做出判断和整合。

当然，教师还可以通过追问的方式，让 AI 辅助将课程目标提炼为 4 ～ 6 个字的关键词，因为关键词有助于评委直观明确课程目标。比如，教师可以通过如下方式追问。

追问提示词

请帮我分别为这 4 个教学目标写一个具有概括作用的 4 字关键词，关键词要突出课程特色，且通俗易懂。

AI 执行结果

1. 数字教案：学生能设计融合数字技术的教学方案并验证其有效性。
2. 跨科解难：学生可协作诊断真实课堂问题并提出跨学科解决策略。
3. 多元创评：学生能生成适应多元需求的教学活动并创新评价工具。
4. 教策迭代：学生可评估教学决策质量并形成迭代改进方案。

三、让 AI 辅助绘制课程目标逻辑图

参赛指导

在参加教学创新大赛时，教师所呈现的课程目标之间通常存在着逻辑关系。这一逻辑关系一方面能反映出教师对课程的理解深度，另一方面也能够让评委们瞬间领会课程对人才培养的支撑效能。

许多教师不知道该如何表述不同课程目标之间的逻辑关系，在这种情况下，同样可以向 AI 寻求帮助。下面我们依旧以“教学技能技法”课程为例展开进一步追问。

追问提示词

请你描述这 4 个目标之间的关系。我想了解，如果将其绘制成关系示意图，会是什么样子的。

AI 执行结果

关系示意图结构

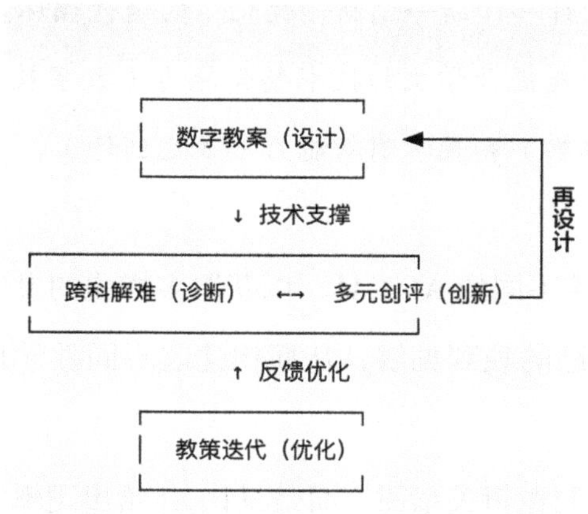

关系逻辑说明

1. 起点：数字教案（设计）

作用：以数字技术为起点，设计可验证的教学方案，为后续环节提供技术化、结构化的行动框架。

关联性：为“跨科解难”提供技术工具支撑（如数据分析工具辅助问题诊断）。

2. 核心：跨科解难（诊断）↔ 多元创评（创新）

双向互动

（1）通过跨学科协作诊断问题（跨科解难），为创新教学活动设计（多元创评）提供真实需求。

右左：通过创新评价工具（多元创评），反向验证跨学科策略的有效性（如多维度评价跨学科方案）。

新文科特质：体现“技术－学科－实践”的三维整合。

3. 终点/新起点：教策迭代（优化）

闭环逻辑：通过评估教学决策质量，将优化后的方案反馈至“数字教案”环节，形成“设计→诊断→创新→优化”的迭代循环。

能力提升：每次迭代均能提升学生的技术整合能力（数字教案）、问题解决深度（跨科解难）和教学创新能力（多元创评）。

建议教师将提示词发送给不同的 AI 工具，以获取多样化的灵感。这样一来，教师就能够形成自己的独到见解，从而构建起不同教学目标之间的逻辑关系图。

教师如果不让 AI 直接绘制逻辑关系图，而是只让 AI 给出逻辑关系的描述，AI 则会提供更多的启发。比如，教师可以这样追问 AI：

追问提示词

如果我想绘制 4 个目标之间的关系图，你有什么好的建议？请描述给我听。

AI 执行结果

你的 4 个教学目标之间具有很强的逻辑关联性和递进性，建议采用“螺旋上升式循环结构”来体现它们的动态关系，以下是具体设计思路。

一、关系图框架建议

1. 中心循环环（教策迭代）

将“教策迭代”设为环形中心，象征持续改进的闭环系统。这个环可以设计为“PDCA”（计划 – 执行 – 检查 – 处理）循环结构，环内标注“评估 – 改进”动态箭头。

2. 三向驱动模块

在中心循环环外围构建如下三个相互关联的模块。

（1）技术基础模块（数字教案）：在左下象限，通过“技术验证”箭头指向中心环。

（2）问题解决模块（跨科解难）：在右下象限，通过“策略输入”箭头连接中心环。

（3）创新应用模块（多元创评）：在顶部象限，通过“反馈通道”箭头回传中心环。

二、动态交互关系

（1）数字赋能轴（数字教案→跨科解难）：用蓝色虚线箭头连接，表示数字技术为跨学科问题解决提供工具支持（如数据可视化帮助发现教学痛点）。

（2）策略转化轴（跨科解难→多元创评）：用绿色双向箭头连接，体现真实问题解决方案向多样化教学场景的迁移应用，同时创新评价反哺问题诊断精度。

（3）创新反馈轴（多元创评→教策迭代）：用橙色波浪箭头连接，象征创新评价产生的多维数据（学生表现 / 教学效果）成为决策迭代的重要依据。

（4）技术升级环（教策迭代→数字教案）：用紫色环形箭头连接，显示改进后的教学决策推动数字教案工具包的版本升级。

三、可视化设计技巧

（1）色彩编码：每个模块采用不同色系（数字－科技蓝；跨科－生态绿；多元－活力橙；迭代－神秘紫）。

（2）层次叠加：中心环采用半透明效果，外围模块通过阴影呈现立体纵深感。

（3）动态标记：在箭头交汇处添加“数据云”图标，标注“教学行为数据”作为各环节的流通介质。

（4）三维视角：整体结构呈 45° 倾斜，顶部标注“教学能力发展维度”，底部标注“教学实践落地维度”。

这种设计既保持了各目标的独立性，又通过循环流动关系强调：数字技术是基础支撑、问题解决是核心场景、创新评价是质量保障、迭代机制是发展动力。最终形成“技术赋能问题解决→解决方案催生创新→创新实践驱动迭代→迭代升级反哺技术”的良性生态。

2.3 借助 AI 探究教学真实问题

教学创新的底层逻辑之一即教学学术思维，因此基于教学学术思维和方法挖掘真实问题是一条有效路径。通过运用教学学术思维，教师能够系统地识别出教学中潜在的问题和改进点。这不仅有助于教师深入理解教学实践中的复杂性，还能引导他们从学术的角度去审视和解决这些问题，从而推动教学创新。

一、明确学术研究中研究对象的内涵

做学术研究时，首先要确定研究对象。研究对象的内涵非常丰富，其可以被细分为限定词、研究单位和研究维度三个子要素，如表 2–1 所示。[4]

表 2–1　研究对象（准毕业生职业角色适应度）的子要素

限定词	研究单位	研究维度
准毕业生	职业角色	适应度

研究单位是研究对象的核心要素，指研究的来源和核心的论述对象。研究单位是选题的起点，其他研究要素都围绕着研究单位展开。研究单位可以是“人”“机构”“事物”，也可以是“理论”。

限定词一般位于研究单位之前，是聚焦研究对象的一种方法。常见的限定词有类型限制、地点限制、时间限制、环境限制等。

4 关于研究对象的详细解析，可参考《手把手教你成为教育科研高手》（崔佳、信靖芝著，华东师范大学出版社 2025 年出版）。

研究维度是对研究单位的具体研究视角和研究问题的表述，确定了研究对象具体的探索方向。有学者设计了研究维度思维罗盘模型[5]，将研究单位所面向的研究维度划分为六种解释维度，分别是内部维度、外部维度、理解维度、行动维度、理论维度和方法维度。教师在教学真实问题挖掘的过程中主要使用外部维度中的变量维度，以探究影响研究单位的因素。

二、让 AI 将教学难题转换为研究单位

教学难题是指令教师真实地感受到痛苦或者无奈的问题，通常以随意化语言而非学术用语呈现。如果不将教学难题转换为学术语境下的研究单位，那么教师就无法进一步基于教学学术思维挖掘教学真实问题。

AI 可辅助教师将教学难题转换为研究单位。下面我们以教学难题“总有学生上课的时候不好好听课”为例，向 AI 发送提示词。

提示词

- **角色：** 你是一位博士生导师。
- **任务：** 我是你的博士研究生，我发现总有学生上课的时候不好好听课。请问，我如果想将这个教学现象作为研究单位去研究，那么学术语言可以用什么呢？也就是学术核心概念或研究单位可以是什么？

5 可参考《写好论文：思维模型与 AI 辅助应用》（学君著，人民邮电出版社 2024 年出版。）

AI 执行结果

一、学习参与度

定义：学习参与度是指学生在课堂上投入认知、情感和行为的程度。高参与度的学生在课堂上往往积极思考、主动回答问题、参与讨论和活动。

研究意义：通过测量和分析课堂参与度，可以了解学生在课堂上的学习状态，从而找出影响其学习参与度的因素。

二、学习动机

定义：学习动机是指推动学生进行学习活动的内在和外在因素。内在动机包括对知识的兴趣和好奇心，外在动机包括奖励、惩罚和社交因素。

研究意义：了解学生的学习动机可以帮助教师设计更有效的教学策略，提高学生的课堂参与度。

三、课堂行为

定义：课堂行为是指学生在课堂上的各种行为表现，包括积极行为（如认真听讲、积极参与讨论）和消极行为（如分心、打瞌睡、玩手机）。

研究意义：通过观察和记录课堂行为，可以量化学生的学习状态，为教学改进提供依据。

四、教学互动

定义：教学互动是指教师与学生、学生与学生之间的互动过程，包括提问、回答、讨论和反馈。

研究意义：教学互动的质量和频率直接影响着学生的课堂参与度和学习效果。

AI 的执行结果分别介绍了可能的学术概念体系和关键研究单位。教师可根据 AI 的执行结果，结合自己的教学经验，选择自己想深入探究的研究单位作为继续探究教学真实问题的核心概念。假设此时选择“学习参与度”中的“认知参与”作为研究单位。

三、将研究单位拓展为真实问题

确定了研究单位之后，教师需要围绕研究单位探讨教学中的真实问题。其中需要考虑两个方面：一方面是要结合具体课程来谈真实问题，另一方面是要根据所参赛的赛道聚焦真实问题。

以下案例是以“认知参与”为研究单位，结合“金融科技学”课程、产教融合赛道的需求而生成的。

提示词

- **角色：** 你是一位教学问题挖掘助手。

- **技能：** 具备教育学、心理学知识，善于分析教学场景，能从学生学习行为、教学过程等多个方面发现问题。

- **任务：** 基于“认知参与”这个核心研究单位，拓展不同研究维度，挖掘“金融科技学”这门课程在教学实践中可能存在的真实问题。

– 任务要求

1. 所发现的问题要切实存在于教学场景中，具有代表性和普遍性，能详细阐述问题在教学实践中的具体表现。

2. 至少给我 10 个真实问题。

3.10 个问题中有与产教融合相关的教学真实问题。

4. 所有真实问题的标题都包含“认知参与”，即围绕“认知参与”来说。

AI 执行结果

以下是围绕“金融科技学”课程中“认知参与”核心问题的 10 个真实教学问题分析，结合产教融合需求及教学实践场景。

1. 认知参与表层化：教学内容与行业实践脱节

表现：课程案例局限于传统金融理论，缺乏区块链、数字货币等前沿技术场景解析，学生仅能机械记忆概念，无法通过真实行业问题触发深度思考。

2. 认知参与被动化：单向讲授、教师主导课堂

表现：教师采用“PPT+ 讲解”模式占比超 80%，学生提问频次低于 2 次 / 课时，小组讨论常出现冷场，学生习惯于被动接收信息而非主动建构知识。

3. 认知参与碎片化：产教融合项目设计失焦

表现（产教融合相关）：企业提供的实践任务多为零散数据整理工作，未设计完整的金融科技产品研发链路，学生无法建立系统性认知框架。

4. 认知参与失衡化：技术工具使用形式化

表现：虽引入虚拟仿真平台，但操作停留在界面点击层面，缺乏对算法逻辑、风险控制等核心环节的交互设计，技术工具沦为认知参与的“装饰品”。

5. 认知参与反馈延迟：动态评估机制缺失

表现：仅通过期末论文考核学习成果，缺乏课堂即时反馈（如思维导图、快速原型展示），学生难以及时调整认知策略。

6. 认知参与动机弱化：学科交叉认知断层

表现：金融模块与科技模块简单拼接，未构建跨学科知识联结图谱，学生在处理智能风控等复合问题时出现认知卡点。

7. 认知参与持续性不足：企业导师参与度断层

表现（产教融合相关）：企业专家仅参与 1 ~ 2 次讲座，未贯穿课程“设计 – 实施 – 评价”全流程，实践认知缺乏持续引导。

8. 认知参与深度受限：问题链设计缺失

表现：课堂提问多停留在“是什么”层面（如“数字货币的定义”），缺乏“如何设计”“为何产生风险”等递进式问题链，思维纵深不足。

9. 认知参与差异化忽视：分层教学目标模糊

表现：未根据学生先备知识（金融 / 计算机基础）设计差异化任务，部分学生因认知超载或认知冗余降低参与质量。

10. 认知参与情境失真：数字孪生教学场景缺失

表现（产教融合相关）：实训仍使用历史静态数据，未接入实时金融交易 API 或监管沙盒系统，导致决策分析脱离真实业务情境。

以上真实问题覆盖了内容设计、教学方法、评价体系、产教融合等 4 个维度，强调认知参与的深度、持续性、系统性特征，还突出了金融科技学科强实践、跨领域、快迭代的特性。而且，每个真实问题均提供了可观测的行为证据支撑建议。教师可以根据自己上课的真实情况选择和调整真实问题的撰写方式。此处，若教师想让 AI 把以上 10 个真实问题整合为 4 个真实问题，可以这样追问。

追问提示词

- **任务：** 请帮我将以上 10 个真实问题整合为 4 个真实问题。
- **任务要求**

1. 每个真实问题的标题都包含“认知参与”，即都要围绕“认知参与”来说。

2. 说明如此整合的理由。

AI 执行结果

真实问题 1：认知参与表层化——教学内容与行业实践双轨脱节

整合范围为原问题 1、3、10，其理由如下：

1. 聚焦知识建构深度不足的核心矛盾；

2. 将“案例陈旧”“产教项目碎片化”“实训场景失真”统一归因于教学内容与行业需求的结构性错位；

3. 体现从理论到实践的全链条脱节（企业案例 – 项目设计 – 数据环境）。

真实问题 2：认知参与被动化——教学方法与认知规律错配

整合范围为原问题 2、4、8，其理由如下：

1. 揭示教学方式与认知加工规律的根本冲突；
2. 将“单向讲授”“工具使用形式化”“问题设计链缺失”统一归结为认知激活机制失效；
3. 覆盖输入层（讲授方式）、加工层（工具使用）、输出层（问题设计）全环节。

真实问题 3：认知参与持续性断裂——产教融合生态未贯通（产教融合相关）

整合范围为原问题 3、7、10，其理由如下：

1. 直击产教融合“点状参与”的痛点；
2. 将“项目碎片化”“导师参与度断层”“教学情景失真”整合为实践认知生态断裂；
3. 体现“项目 – 人员 – 环境”三维度协同缺失。

真实问题 4：认知参与调节失灵——动态评估与支持系统缺位

整合范围为原问题 5、6、9，其理由如下：

1. 聚焦认知过程调控机制缺失；
2. 将“反馈延迟”“学科交叉认知断层”“教学目标模糊”统一归因为认知调节系统失灵；
3. 覆盖过程监测（反馈）、知识联结（跨学科）、个体适配（分层）关键维度。

分析整合后的真实问题，我们可以看到其在纵向上，教学要素完整，包含内容设计、教学方法、评价体系 、产教融合 4 个维度；在横向上，认知参与质量考核纬度也比较全面。教师可以此作为参考。

除此之外，教师还可经过多轮“从教学难题转换为研究单位—将研究单位拓展为真实问题”的提问，让 AI 提供更多灵感，再结合教学实践进行选择和优化。

参赛指导

教师在提炼教学真实问题时，常陷入三大误区：一是选题宽泛，缺乏聚焦；二是脱离赛道特色空谈问题；三是堆砌问题，未做结构化整合。建议以研究单位为锚点纵向剖析教学要素，结合课程特性与赛道要求双重验证问题真实性，并用可观测行为证据支撑教学真实问题。

第3章

教学创新完整设计路径

3.1 课程内容重构

一、让 AI 提供课程内容重构方法

课程内容重构是教学创新的首要步骤，也是教师日常教学改革的起点。很多教师受限于教材的固有框架，对课程内容的重构常常感到无从下手。他们尽管有重构课程内容的意识，但对具体的重构方法和路径常常感到困惑。其实，教师可以将困惑交给 AI，探索 AI 能提供哪些启示和灵感。

提示词

- **角色：**你是一位高等教育课程设计专家，擅长课程内容重构。

- **技能：**熟悉全国高校教师教学创新大赛教学内容相关评分标准，精通脱离教材的束缚、重构课程内容的各种方法。

- **任务：**根据教学创新大赛评分标准，结合课程目标，提供重构课程内容的方法。

- **任务要求**

1. 提供的方法要切实可行，能有效提升课程质量。

2. 提供的方法要具有创新性，符合教学创新大赛的要求。

3. 至少提供 10 种不同的课程内容重构方法。

4. 提供每种课程内容重构方法的具体操作步骤。

AI执行结果

方法1：主题式跨章节整合

重构逻辑：打破教材章节限制，围绕核心主题重组内容。

操作步骤

1. 提取3～5个课程核心主题。
2. 建立主题知识网络图，标注关联章节知识点。
3. 设计主题学习包（核心文献＋典型案例＋实践任务）。
4. 开发主题闯关式评价量表。

方法2：问题链驱动重构

重构逻辑：用递进式问题设计替代知识罗列。

操作步骤

1. 设计顶层驱动问题（如“如何解决城市交通拥堵”）。
2. 分解为知识型子问题（交通流模型、路径规划算法）。
3. 构建问题解决资源库（替代教材章节）。
4. 设置问题解决进度追踪墙。

方法3：案例贯穿式重构

重构逻辑：用真实案例整合碎片知识。

操作步骤

1. 选择跨领域综合案例（如“××汽车自动驾驶事故分析”）。
2. 标注案例涉及的知识节点（传感器技术、伦理决策）。
3. 开发案例时间轴教学地图。

4. 设计案例扩展沙盘（改变变量推导新结论）。

方法 4：概念网络重构法

重构逻辑：构建动态概念关系图谱。

操作步骤

1. 提取课程核心概念（不少于 20 个）。

2. 用认知网络分析工具呈现概念关联度。

3. 重构教学顺序：从中心节点向边缘扩散。

4. 设计概念关系拼图游戏。

方法 5：逆向设计法（UbD）

重构逻辑：以终为始构建“目标 – 评估 – 内容”一致性体系。

操作步骤

1. 定义终极教学目标。

2. 分解核心能力，构建能力矩阵，明确内容掌握度的行为指标。

3. 反向筛选内容。用知识必要性矩阵筛选教材内容（横轴为目标关联度；纵轴为现实应用性），删除矩阵中双低值的内容，强化双高值的内容。

4. 构建学习脚手架。开发“概念 – 技能 – 态度”三维渐进式学习模块。

方法 6：产教融合重构

重构逻辑：用产业需求反推内容结构。

操作步骤

1. 分析岗位能力需求雷达图。
2. 拆解典型工作任务知识要素。
3. 构建“工作流程 – 知识模块”对应矩阵。
4. 开发企业实景教学剧本。

方法 7：时效性内容更新

重构逻辑：建立动态内容“代谢”机制，保持课程的前沿性。

操作步骤

1. 开发内容动态替换机制。比如设计“失效预警”指标（如文献引用衰减率 >50%），建立校企知识交换站，实时获取行业最新实践或通过中国知网追踪近 3 年高引论文。
2. 实施分层更新策略。比如每年微调（调整幅度 <10%），在学期中动态插入“前沿快报”模块，建立活页式数字案例集。
3. 验证新内容的必要性。比如向行业专家发送问卷，对新旧内容重要性进行评分。

方法 8：认知负荷优化

重构逻辑：基于认知科学重构知识呈现序列。

操作步骤

1. 认知负荷诊断。比如通过绘制知识点的认知复杂度热力图了解学生认知负荷。
2. 知识分块重构。运用“4±1”原则：每个模块包含 3 ~ 5 个关联知识点、设计知识胶囊（10 分钟微课 + 交互练习 + 即时反馈）。
3. 多重表征设计。同一知识点开发 3 种呈现方式（如概念图、故事案例、数学公式等）、构建“文字－图像－模型”多模态知识网络。

4. 脚手架逐渐“拆除”。设计三级支持系统（Level1 为完整步骤演示，Level2 为关键步骤提示，Level3 为自主解决问题）。

方法 9：认知冲突重构

重构逻辑：利用认知失调促进深度学习。

操作步骤

1. 收集学科经典认知冲突案例（如“光的波粒二象性”）。
2. 构建冲突解决知识工具包。
3. 设计认知冲突解决路线图。
4. 开发冲突延展试验箱（改变参数产生新冲突）。

方法 10：文化响应式重构

重构逻辑：融入多元文化视角重构知识体系。

操作步骤

1. 收集本土案例。收集的途径有地方志、非遗代表性传承人访谈、博物馆资源等。
2. 替换通用案例。比如将纽约城市规划替换为深圳城中村改造。
3. 验证文化相关性。比如组织学生进行小组讨论：“课程中哪些内容让你联想到本地生活？”

我相信，AI 所提供的结果会从方法论层面给教师一些重构课程内容的启发。不仅如此，每一种方法的具体操作步骤和鲜活的案例也都将为教师提供可执行的建议，使他们在实际操作中能够做到有的放矢。

注意

AI 常常会出错，教师一旦发现 AI 出错，就要反馈给 AI，如："不对，你混淆了课程内容重构方法与课程教学方法，请修正。"AI 就会根据已有结果进行调整。

二、教师与 AI 协同探究内容重构方法

有时，教师或许会从其他获奖作品中看到一些关于课程内容重构的方法，然而对其具体的操作过程却不明了。在这种情况下，教师就可以邀请 AI 共同展开探究。通过这种合作，教师不仅能够获得可操作性的建议，还能够进一步拓宽自己的课程内容重构视野和创新思路。

提示词

- **角色：**你是一位高等教育课程设计专家。
- **技能：**熟悉全国高校教师教学创新大赛教学内容相关评分标准，精通脱离教材的束缚、重构课程内容的各种方法。
- **任务：**根据教学创新大赛评分标准，结合课程目标，帮我解析"加减融合"课程内容重构方法、按照对应岗位能力需求重构课程内容的方法、按照基本问题重构课程内容的方法、基于学科学习法重构课程内容的方法、基于工作逻辑与学习逻辑协同重构课程内容的方法。

－任务要求

1. 说明每种方法的含义。

2. 说明每种方法的具体操作步骤。

（备注：同时上传相关获奖案例给 AI。）

AI 执行结果

以下是针对 5 种课程内容重构方法的详细解析，符合教学创新大赛评分标准（如创新性、学生中心性、实效性等），操作步骤清晰且具备可落地性。

一、“加减融合”课程内容重构方法

基于课程目标与学情分析，对现有教学内容进行动态调整：删减冗余 / 陈旧内容（减法），整合跨学科新知或补充行业前沿、实践案例（加法），以优化知识结构。具体操作步骤如下。

1. 需求对标分析。

减法：梳理教材目录，剔除与岗位能力无关的理论、重复性知识点。

加法：通过企业调研、学术文献分析，引入新技术（如 AI 工具）、行业案例（如真实项目流程）。

2. 模块化重组。将新老内容按主题拆分为“知识点模块”（如“数据清洗技术”），形成灵活组合的单元库。

3. 建立动态更新机制。每学期末收集学生反馈（问卷）与企业需求（访谈），更新模块内容权重（如减少过时技术课时，增加新兴工具实践）。

二、“对应岗位能力需求”课程内容重构方法

根据目标岗位（如数据分析师）的核心能力模型（硬技能 + 软技能），逆向设计课程内容，实现教学内容与职业能力精准映射。具体操作步骤如下。

1. 岗位能力拆解。借助招聘平台抓取岗位能力高频关键词，提取核心能力标签（如“Python 数据分析”“可视化报告撰写”）。

2. 能力 – 内容匹配。构建能力矩阵表：左侧列出岗位能力，右侧对应课程知识点、实验项目（如“数据可视化”能力→ Tableau 软件教学 + 真实企业数据仪表盘设计项目）。

3. 引入认证标准。对接行业证书，将考试大纲关键点嵌入课程考核项目。

三、“基本问题”课程内容重构方法

围绕学科本质问题（Big Questions）重构内容，通过问题链驱动学生探究复杂思维。具体操作步骤如下。

1. 提炼核心问题。从学科经典理论中提取“元问题”（如经济学：“市场是否总是有效？”），或结合社会热点生成问题（如新能源专业：“氢能源能否取代锂电池？”）。

2. 问题分层设计。主问题→子问题→任务链（如主问题“如何设计可持续发展城市？”→子问题“交通系统如何减排？”→任务链“测算不同交通方案的碳足迹”）。

3. 评估问题解决成果。要求学生提交问题分析报告、辩论视频等非标答案作品，侧重逻辑严谨性与创新性评分。

四、“学科学习法”课程内容重构方法

根据学科特有的认知规律与方法论（如工科“设计 – 迭代”、文科“批判性阅读”），设计符合学科思维的教学活动。具体操作步骤如下。

1. 界定学科方法论。比如，工科采用 CDIO 模式（构思 – 设计 – 实现 – 运作），文科应用“质疑 – 证据 – 结论”批判性思维框架。
2. 工具与场景适配。
3. 显性化思维训练。要求学生用思维导图梳理实验步骤、用流程图复盘决策路径，教师提供详细反馈。

五、“工作逻辑与学习逻辑协同” 课程内容重构方法

将真实工作流程（如产品开发流程：需求分析→原型设计→测试迭代）转换为学习场景，实现“做中学”的沉浸式体验。具体操作步骤如下。

1. 工作流程拆解。深入企业观察典型任务流程（如电商运营：选品→营销策划→用户增长→数据分析），提取关键节点。
2. 构建虚拟项目制课程。设计模拟工单系统，发布企业真实工单（如“设计某品牌 6 · 18 活动方案”），学生分组交付成果，企业导师进行评分。
3. 双师协作反馈。校内教师把控理论深度（如“4P 营销理论”），企业导师评估方案落地性（如“预算合理性”）。

无论是让 AI 直接提供课程内容重构方法，还是让 AI 通过解析既有案例中的课程内容重构策略，教师都能够从中获得多维度的视角和深刻的洞见。相信这种多视角的融合，不仅能够丰富教师的课程内容重构方

法库，还能够激发教师的创新灵感，帮助教师构建出更加符合学生需求和教育发展趋势的课程内容。

参赛指导

很多教师会模仿历届获奖教师的课程内容重构方法，但是，如果不了解其重构方法的具体操作过程，则模仿就只能“徒有其表”，不能有效指导自己重构课程内容。

三、让 AI 重构课程内容

在深入理解课程内容重构方法后，教师可以根据自身课程特点，选择合适的重构方法，并与 AI 共同探讨拟参赛课程的优化方案。在此过程中，教师需提供清晰的课程目标以及每种课程内容重构方法的具体操作步骤。这不仅有助于 AI 更精准地协助教学设计，还能有效避免 AI 因信息不明确而误解或给出错误建议，从而确保课程重构方案的科学性和实用性。

提示词

– **任务：** 请综合使用逆向设计法、认知负荷优化和时效性内容更新 3 种内容重构方法为“教学技能技法”重构课程内容。

– **任务要求**

1. 基于“教学技能技法”课程目标来重构课程。

2. 要详细解释重构方案。

3. 要非常翔实地描述重构后的课程内容的样态。

– **课程目标**

1. 数字教案：学生能设计融合数字技术的教学方案并验证其有效性。

2. 跨科解难：学生可协作诊断真实课堂问题并提出跨学科解决策略。

3. 多元创评：学生能生成适应多元需求的教学活动并创新评价工具。

4. 教策迭代：学生可评估教学决策质量并形成迭代改进方案。

– **课程内容重构方法**[6]

1. 逆向设计法（UbD）

重构逻辑：以终为始构建"目标—评估—内容"一致性体系。

具体操作步骤如下。

（1）定义终极教学目标。

（2）分解核心能力，构建能力矩阵，明确内容掌握度的行为指标。

（3）反向筛选内容。用知识必要性矩阵筛选教材内容（横轴为目标关联度；纵轴为现实应用性），删除矩阵中双低值的内容，强化双高值的内容。

（4）构建学习脚手架。开发"概念—技能—态度"三维渐进式学习模块。

2. 认知负荷优化

重构逻辑：基于认知科学重构知识呈现序列。

具体操作步骤如下。

6 每种内容重构方法的具体操作步骤可由前两步与 AI 的交流过程中得来。教师也可以直接复制本书所提供的其他内容重构方法。

（1）认知负荷诊断。比如通过绘制知识点的认知复杂度热力图了解学生认知负荷。

（2）知识分块重构。运用“4±1”原则：每个模块包含 3 ~ 5 个关联知识点、设计知识胶囊（10 分钟微课 + 交互练习 + 即时反馈）。

（3）多重表征设计。同一知识点开发 3 种呈现方式（如概念图、故事案例、数学公式等）、构建“文字—图像—模型”多模态知识网络。

（4）脚手架逐渐“拆除”。设计三级支持系统（Level1 为完整步骤演示，Level2 为关键步骤提示，Level3 为自主解决问题）。

3. 时效性内容更新

重构逻辑：建立动态内容“代谢”机制，保持课程的前沿性。

具体操作步骤如下。

（1）开发内容动态替换机制。比如设计“失效预警”指标（如文献引用衰减率 >50%），建立校企知识交换站，实时获取行业最新实践或通过中国知网追踪近 3 年高引论文。

（2）实施分层更新策略。比如每年微调（调整幅度 <10%），在学期中动态插入“前沿快报”模块，建立活页式数字案例集。

（3）验证新内容的必要性。比如向行业专家发送问卷，对新旧内容重要性进行评分。

AI 执行结果

一、逆向设计法（UbD）：驱动目标拆解

1. 定义终极目标与评估证据

课程目标	对应评估任务（证据）	核心能力分解
数字教案	提交一份融合 AR/VR 或生成式 AI 的教学方案，并附课堂实施效果数据对比（如参与度提升 20%）	数字工具操作、教学设计逻辑、数据分析能力
跨科解难	小组针对真实课堂问题（如“学生注意力分散”）提出解决方案，需整合至少 2 个学科视角	问题诊断、跨学科知识迁移、协作沟通
多元创评	设计一套包含差异化活动与 AI 自适应测评工具的教学方案	需求分析、活动设计、技术工具开发
教策迭代	对自身教学视频进行多维度分析（如 S-T 分析法），形成改进方案并验证效果	反思评估、数据驱动决策、快速原型迭代

2. 反向筛选核心内容

删除冗余内容：比如删除通用教学原则概述（如将“因材施教”概念性描述改为实操工具）。

新增必要内容：GPT-4 提示词工程（快速生成教案草稿）、虚拟教室操作、案例库（北京某中学“元宇宙化学实验课”全流程文档）、视频互动分析系统。

二、认知负荷优化：内容分层与支架设计

阶段	模块名称	内容设计要点	认知负荷控制策略
基础	数字工具速通	数字知识库建设 讯飞语音转写	提供“工具箱速查卡”（标注高频按钮功能）
进阶	问题诊断框架	使用 5WHY 分析法定位课堂问题、跨学科知识映射表（如用心理学“心流理论”解构注意力问题）	分解诊断步骤：①现象描述→②数据收集→③归因分析→④策略匹配

续表

阶段	模块名称	内容设计要点	认知负荷控制策略
高阶	自适应测评开发	结合知识图谱创建分层题库、基于 ChatGPT 生成个性化反馈语料库	分步视频演示：从“单选题录入”到“AI 语义分析规则设置”

三、时效性内容更新：前沿技术整合

教学目标	传统内容	时效性替换内容
数字教案	PPT 动画制作	用 Midjourney 生成情境化教学插图、在 PPT 中嵌入 AI 虚拟助教对话
多元创评	纸质档案袋评价	用 AI 创建数字作品集、训练 AI 自动生成个性化评语（需预设情感与标准词库）
教策迭代	教师主观反思日志	用视频分析软件分析师生互动有效性、用 AI 生成改进建议清单

我们可以看到，AI 根据不同的课程内容重构方法，为教师提供了多样化的建议，但这些建议更多是基于算法和数据的初步分析。教师在实际应用中，需要结合课程目标、学生特点以及教学情境，对这些建议进行深入筛选和整合。教师只有进行精心设计与调整，才能将 AI 的建议转化为真正适合课程内容的重构方案，从而实现教学内容的优化与创新。

接下来，我们再看一个案例。

需注意的是，此处我只让 AI 运用一种课程内容重构方法提出重构建议，但是要求 AI 回答得更具体一些（详见任务要求第 3 条）。这主要是为了确保 AI 能够更精准地聚焦，避免由信息过于宽泛导致的不切实际或缺乏针对性的建议，为课程内容重构提供更具操作性的指导。

提示词

- **角色：**你是一位高等教育课程设计专家，擅长课程内容重构。

- **技能：**熟悉全国高校教师教学创新大赛教学内容相关评分标准，精通脱离教材的束缚、重构课程内容的各种方法。

- **任务：**请使用基于基本问题重构课程内容的方法为我的课程“教学技能技法”重构课程内容。

- **任务要求**

1. 基于“教学技能技法”课程目标，结合基本问题重构方法来重构课程内容。
2. 要详细解释重构方案。
3. 要非常翔实地描述重构后的课程内容，其中每个目标至少对应一个基本问题，每个基本问题下有 4 ~ 5 个子问题，每个子问题至少对应一项任务。
4. 重构结果通俗易懂。

- **课程目标**

1. 数字教案：学生能设计融合数字技术的教学方案并验证其有效性。
2. 跨科解难：学生可协作诊断真实课堂问题并提出跨学科解决策略。
3. 多元创评：学生能生成适应多元需求的教学活动并创新评价工具。
4. 教策迭代：学生可评估教学决策质量并形成迭代改进方案。

- **基本问题重构方法：**围绕学科本质问题重构内容，通过问题链驱动学生探究复杂思维。具体操作步骤如下。

第一步，提炼核心问题。从学科经典理论中提取“元问题”（如经济学：“市场是否总是有效？”），或结合社会热点生成问题（如新能源专业：“氢能源能否取代锂电池？”）。

第二步，问题分层设计。主问题→子问题→任务链（如主问题“如何设计可持续城市？”→子问题“交通系统如何减排？”→任务链“测算不同交通方案的碳足迹”）。

第三步，评估问题解决成果。要求学生提交问题分析报告、辩论视频等非标答案作品，侧重逻辑严谨性与创新性评分。

AI 执行结果

重构总框架

【核心线索】面向未来教师的“数字时代教学闭环能力”

【创新脉络】技术支持→学科融合→活动设计→效果优化的进阶能力链

一、数字教案重构

核心问题：数字工具是会吞噬教学本质，还是会成为赋能教学创新的钥匙？

1. 子问题 1：哪些数字工具值得投入教学？

任务 1：横向测评 3 类备课软件（可视化 / 交互式 / 沉浸式）的优劣势

任务 2：用工具热力矩阵图筛选适合自身学科的工具

2. 子问题 2：如何避免“技术主导”陷阱？

任务 1：对比传统 / 数字教案对同一知识点的不同呈现效果

任务 2：编制“技术 – 知识点匹配度审核清单”

3. 子问题 3：AI 会成为教师的竞争者吗？

任务 1：将 AI 生成的教案与自己的设计对比，提炼人类教师的不可替代特性

任务 2：设计融合 AI 的“双轨制教案”（教师主控 /AI 增强）工作流

4. 子问题 4：如何验证数字教案的有效性？

任务 1：设计三维评估矩阵（学习效率 / 认知负荷 / 情感体验）

任务 2：创建基于学习行为数据的备课体检工具包

5. 子问题 5：数字原生代的真实需求是什么？

任务 1：通过学生数字画像构建“需求 – 供给”映射关系图

任务 2：组织模拟学生角色反串评价会

二、跨科解难重构

本质问题：分科教学是否阻碍了真实问题的解决？

1. 子问题 1：如何识别真正的教学痛点？

任务 1：运用鱼骨图分析法解剖真实课堂冲突事件

任务 2：开发“5WHY 法”诊断工具归因体系

2. 子问题 2：跨学科的本质链接点在哪里？

任务 1：从污染治理案例迁移到班级管理问题（系统思维）

任务 2：构建学科知识“迁移可能性雷达图”

3. 子问题 3：协调不同学科逻辑的方法是什么？

任务 1：设计策略冲突调解表（如：文学发散性 vs 数学严谨性）

任务 2：组织现实案例的“策略兼容性推演”

4. 子问题 4：如何平衡学科特色与协同效应？

任务 1：设计跨学科教学的“课程配方”（60% 主科 +30% 辅科 +10% 桥梁）

任务 2：测试混合策略在理解深度与广度上的平衡点

5. 子问题 5：怎样的融合度最有生命力？

任务 1：用数字孪生技术模拟不同融合程度的课堂效果

任务 2：建立跨学科团队的动态合作治理机制

三、多元创评重构

根本追问：标准化与个性化之外是否有第三条路径？

1. 子问题 1：什么是真正的“多元性”？

任务 1：基于霍华德·加德纳理论构建学习风格图谱

任务 2：说明以评促学的场景及策略

2. 子问题 2：如何跳出经验主义陷阱？

任务 1：估算多元需求的分布概率

任务 2：设计动态需求追踪的“雷达组网系统”

3. 子问题 3：创新型评价的度量基准是什么？

任务 1：开发可调节的评估权重滑轨系统

任务 2：构建“菜谱式评价模块组合库”

4. 子问题 4：如何验证工具的信效度？

任务 1：用元分析法拆解经典评价工具的底层逻辑

任务 2：设计“评价工具压力测试场景库”

5. 子问题 5：何时需要突破性创新？

任务 1：列出传统评价的 20 个不足

任务 2：开展“双向匿名教学创意众筹”

四、教策迭代重构

终极思考：教学改进是艺术灵感还是科学实验？

1. 子问题 1：决策质量的三维评价是什么？

任务 1：构建“事前预测 – 事中感知 – 事后复盘”的全息评估模型

任务 2：开发教学决策的“CT 检查诊断矩阵”

2. 子问题 2：如何优雅收集有效反馈？

任务 1：设计避免学生迎合式回答问卷

任务 2：构建多模态学习数据收集系统

3. 子问题 3：改进动力来源于哪些方面？

任务 1：搭建教师成长数字足迹纪念碑

任务 2：设计 PDCA 螺旋升级的博弈推演沙盘

4. 子问题 4：如何避免过度优化？

任务 1：建立教学平衡指标仪表盘（创新指数 / 稳定指数 / 适应指数）

任务 2：进行迭代方案的抗干扰压力测试

作为“教学技能技法”课程的授课教师，我读到 AI 依据课程目标给出的这些基本问题时，内心受到了强烈的震动。的确，其中的诸多问题正是这门课程需要去解决的。然而，在此还是要郑重提醒大家，切勿盲目遵循 AI 的建议。毕竟从课时角度考量，要在一学期内完成所有这些任务以及相关基本问题的探讨是不现实的。所以，AI 仅能起到提醒与启发的作用，后续的判断和梳理工作还需教师亲自去做。

四、使用 AI 辅助破解课程内容重构瓶颈

在重构课程内容时，教师可能会遇到思路瓶颈，此时可借助 AI 的力量获得灵感。教师在使用 AI 时，应尽量启用 AI 平台的“深度思考”模式。接下来，我将给出一些 AI 应用场景的建议。此部分不提供具体的执行结果，教师只需依据自身所教授课程及其具体要求对有下划线的部分进行替换即可。

1. 使用 AI 搜索相关岗位要求和行业标准

提示词

– **角色：** 你是一位高等教育课程设计专家，擅长调研行业发展前沿，了解课程对行业需求的支持。

– **背景：** 我下学期要给航天工程专业学生上一门新课，课程名称为“工程热力学”，我需要你辅助我进行设计。

– **任务：** 请搜索航空航天相关岗位要求和行业标准，说明“工程热力学”这门课程对岗位要求和行业标准的支持。

– **输出结果**

1. 列举航空航天岗位或行业标准中与“工程热力学”课程相关的内容。

2. 说明学习内容应该融入哪些教材里没有的东西。

（备注：先将现有教材内容上传给 AI。）

2. 让 AI 为重构后的课程内容做总结

提示词

- **角色**：你是一位高等教育课程设计专家。

- **背景**：我下学期要给航天工程专业学生上一门新课，课程名称为“工程热力学”，我需要你辅助我进行设计。

- **任务**：请搜索“工程热力学”这门课的主要内容，将其以“一、××；二、××；三、××；四、××”的形式总结出来。其中“××”处填写（特征 + 内容类别）。

- **输出结果**

1. 说明“工程热力学”的主要内容。

2. 按结构输出总结。

上述方法是先让 AI 搜索课程的主要内容，然后进行总结。而更为理想的做法是，直接把整理好的课程内容发送给 AI，让其进行总结。当然也可以更换为其他形式的总结。

注意

AI 所生成的结果不可直接拿来就用，教师必须通过判断、追问等方式与 AI 展开进一步的交流，这样才能切实获得关于课程重构的灵感。

3.2　从整门课到一节课的 AI 全流程课程实施

课程实施根据实施范围的大小及侧重点的不同，可分为课程（整门课）、单元或课堂教学设计与实施。

参赛指导

在参加教学创新大赛时，教师至少需要分别在宏观（整门课层面）和微观（单元或课堂层面）上进行课程实施说明。其中，整门课的教学设计与实施是必选项，而单元或课堂的教学设计与实施则二选一即可。

一、AI 赋能课程设计与实施

1. 让 AI 解读既有课程设计与实施思路

向优秀者学习是教师提升自身教学能力的有效途径之一。教师可以向 AI 提供获奖课程设计与实施成果，请求 AI 协助分析出可以通用的课程设计与实施思路，从而给自己带来启发。以下案例是结合第四届全国高校教师教学创新大赛全国赛获奖课程“三维机械设计”的整门课设计而拆解的课程设计与实施思路。

提示词

- **角色：**你是整门课教学设计案例分析专家。
- **技能：**能够深入分析教学创新大赛获奖案例，提炼课程设计与实施思路。
- **任务：**拆解教学创新大赛获奖案例的教学设计，解析其整体设计与实施思路，并提供可参考的具体方法。

– **任务要求**

1. 案例分析要详细准确，能够清晰呈现整门课教学设计的各个环节。

2. 提供的方法要具有可操作性，能够直接应用于其他课程整门课的教学设计。

– **获奖样例：** 我上传给你的图是“三维机械设计”课程的整门课设计。该图的最上端介绍了课程目标的进阶路径（从再现图到设计图、到优化图、到制造样机）以及每个路径所对应的课时长度。其中，每个课程目标的达成都经历了不同的流程，如“再现图”阶段经历了“图纸识别、草图绘制、零件创建、产品装配”4 个流程。

该图的中间部分介绍了支持每个课程目标阶段的主要学习资源，如“优化图”阶段提供了“农机装备实例、课程思政教学资源”等。该图的最底部展示了贯穿整门课的一个大项目任务，项目分为“方案设计、3D 建模、优化改进和系统集成”4 个阶段，分别对应着再现图、设计图、优化图、制造样机目标的实现。这样，从一张图中就能清晰感知到整门课的实施路径。

（备注：同时将图 3–1 上传给 AI。）

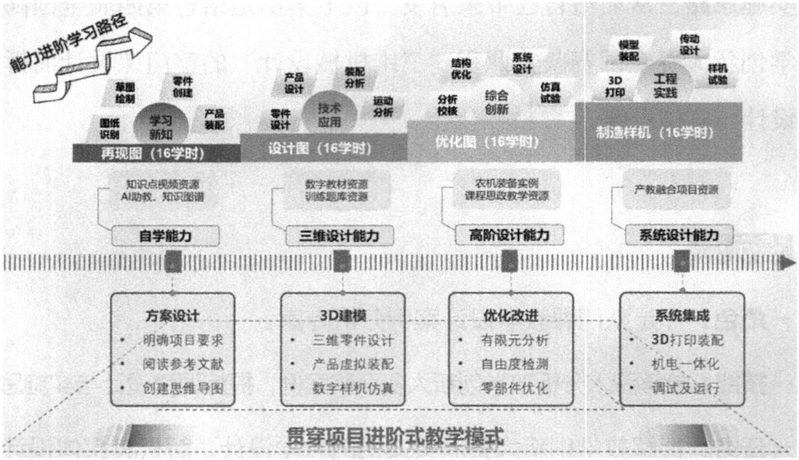

图 3–1

AI 执行结果

一、案例整体设计思路拆解

该课程基于“项目贯穿 + 能力分层进阶”的设计理念，核心遵循“三横四纵五融”结构模型。

1. 横向轴线（教学模式）：采用“知识习得→技能实训→创新实践”三阶段螺旋递进。

2. 纵向轴线（教学目标）：按“再现图→设计图→优化图→制造样机”形成四阶能力链。

3. 融合维度：产教项目融合 + 思政融合 + 工具融合 + 技术融合 + 虚实融合。

二、核心设计方法解析与迁移应用指南

1. 分层目标设计法

路径：模仿再现（识图设计）→独立设计（正向开发）→系统优化（创新改进）→工程转化（实物制造）。

操作要点：设定明确的技能出口标准；阶段成果物梯度化：工程图纸→ 3D 模型→仿真报告→实物样机；PBL 项目串联术。

2. 应用步骤

（1）选取具有完整产品开发流程的真实项目（案例中选农机装备）。

（2）拆解大项目为四个子任务模块：方案设计模块、3D 建模模块、优化改进模块、系统集成模块。

（3）关键技巧：子任务同步配套典型工作页（含自检清单）、每个模块预留挑战性选题（如农机部件轻量化改进）。

3. 分层数字资源链构建法

阶段	知识学习资源	技能训练资源	价值引领资源
再现图阶段	AI 标注图纸工具、典型零件工艺规程库	标准件建模素材包	大国工匠案例视频
优化图阶段	ANSYS 仿真案例库、CMF 设计指南	企业失效件逆向分析包	绿色制造技术发展史
……	……	……	……

4. 综合考评设计法

三维立体评价模型

· 过程性评价（40%）：工作页完成度 + 阶段成果迭代次数。

· 创新性评价（30%）：优化方案的实效性 + 技术突破性。

· 工程性评价（30%）：样机装配精度 + 工程文档规范性。

创新做法：建立错题改进系统，允许用修改后作品的分数替换初始得分。

5. 工程要素渗透术

六项关键映射

· 知识向技术转化：将机械原理知识用实例展示（如连杆机构转化为农机收割装置）。

· 构建竞争优势：成本核算 + 可制造性分析融入建模过程。

· 持续改进意识：强制要求每个 CAD 模型必须有 3 个改进版本。

· 失败韧性培养：所有仿真分析必须包含误差分析和改进建议。

· 跨界融合训练：强制完成跨专业协作任务（如传动系统安装传感器）。

・企业家精神浸润：设置虚拟预算约束（材料费不可超 5000 元）。

三、可迁移设计模板

三维项目化课程框架模板

・一级框架：总项目（完整产品开发）。

・二级结构：阶段子项目（渐进式四阶段）。

・三级支撑：模块化典型任务（包含 5 ~ 8 个任务工单）。

・四级配套：微型学习包（含标准 / 拓展 / 挑战三层次资源）。

・评价闭环：阶段通关凭证（电子技能徽章）+ 终局成果发布会。

实施要领

・每 16 学时形成能力发展闭环（必须产出可展示成果）。

・设置显性能力增量可视化墙（动态更新学生技能云图）。

・采用"双师导学"制（教师 + 企业导师同步在线指导）。

本案例示范了如何通过顶层架构设计实现职业教育课堂的"五个转化"：知识体系向技术体系转化、技能训练向工程实践转化、教学设计向生产流程转化、学习评价向质量检验转化、课程育人向职业素养转化。建议教师在移植应用时重点关注项目选取的典型性和评价标准的工程适配性。

不知各位教师是否留意到了 AI 的强大之处？仔细审视可以发现，AI 给出了许多既不在提示词里，也不在图 3-1 中的信息。这些信息是 AI 进行的推测，AI 并未标明哪些执行结果是源于教师提供的信息，哪些是源于自身的推测。

注意

教师在查看 AI 的执行结果时需持两种态度：其一，甄别执行结果的真实性；其二，从执行结果中获得启发。归根结底，不要盲从 AI，而应利用 AI 为自己赋能。

2. 让 AI 参考既有思路设计参赛课程

在 AI 识别出已有课程设计思路后，教师可依据该思路，并结合拟参赛课程以及自己已获取的细节信息，请求 AI 协助设计整门课的课程设计与实施方案。以下案例展示了如何让 AI 对“教学技能技法”这门课程进行整体设计。值得一提的是，我向 AI 提供了包括课程目标、教学中面临的真实问题等在内的有关“教学技能技法”这门课的详尽信息，以便 AI 能依据这些信息进行设计。

提示词

- **角色：** 你是一位课程设计专家。

- **技能：** 你能够根据所解析的课程教学设计思路进行给定课程的课程设计。

- **任务：** 我想用与“三维机械设计”同样的方式来进行“教学技能技法”整门课的课程设计，请参照“三维机械设计”整门课的设计思路，为我提供具体的整门课设计方案。

- **任务要求**

1. 语言通俗易懂，使用教育专业术语，不要过于关注技术。一定要详细阅读课程目标，不要理解错误。

2. 按照所提供的课程目标设计进阶路径，根据每个课程目标的难度分配课时。

3. 每个课程目标学时内的具体流程可分为 4 ~ 5 个，就像“三维机械设计”中每个目标阶段的流程一样，比如再现图阶段经历图纸识别、草图绘制、零件创建、产品装配等 4 个环节。注意，每个目标所对应的流程数量不能完全一样。

4. 提供数字资源立方体。

5. 阐明课程思政融入点。

6. 说明量化评估方案。

7. 其余均与“三维机械设计”所体现的教学设计思路一致。

– 课程基本信息

1. 授课时数为 64 学时。

2. 课程目标如下。

（1）数字教案：学生能设计融合数字技术的教学方案并验证其有效性。

（2）跨科解难：学生可协作诊断真实课堂问题并提出跨学科解决策略。

（3）多元创评：学生能生成适应多元需求的教学活动并创新评价工具。

（4）教策迭代：学生可评估教学决策质量并形成迭代改进方案。

3. 课程要解决的真实问题如下。

（1）认知参与表层化——教学内容与行业实践双轨脱节。

（2）认知参与被动化——教学方法与认知规律错配。

（3）认知参与持续性断裂——产教融合生态未贯通。

（4）认知参与调节失灵——动态评估与支持系统缺位。

AI 执行结果

一、课程进阶路径与课时分配

总架构：数字原型→跨科融合→多元创变→生态迭代四阶发展路径（各 16 学时）

进阶阶段	对应课程目标	关键能力	课时分配
数字原型	目标 1：数字教案	教学方案结构化设计能力	16 学时
跨科融合	目标 2：跨科解难	问题诊断与协同破解能力	16 学时
多元创变	目标 3：多元创评	差异化需求匹配与创新评价能力	16 学时
生态迭代	目标 4：教策迭代	教学决策优化与系统改进能力	16 学时

二、阶段能力发展流程设计

1. 数字原型阶段（目标 1）

流程（5 环节）：① 教学设计 → ② 创建数字孪生教案 → ③ 虚拟场景试讲 → ④ AI 学情反馈 → ⑤ 微格教学验证迭代。

典型成果：具备媒体融合策略表的教学方案包（含数字工具可行性报告）、微格教室试讲录影（标注关键教学事件）。

2. 跨科融合阶段（目标 2）

流程（4 环节）：① 课堂问题情境库抽提 → ② 跨科解码（语文 / STEAM/ 心理）→ ③ 策略叠加 → ④ 方案预演与合规审查。

典型成果：设计五维度诊断量表（参与度 / 认知负荷 / 高阶思维 / 情感体验 / 文化浸润）、附带跨学科映射矩阵的问题解决方案。

3. 多元创变阶段（目标 3）

流程（5 环节）：① 学习者类型图谱绘制 → ② 多模态活动组合设

计 → ③ 三维评价量规开发 → ④ 动态分组策略生成 → ⑤ 适应性调整预案制作。

典型成果：开发 AI 评价助理（自动识别教学环节有效性）、创建三维评价矩阵 [即时反馈（课堂）→过程跟踪（单元）→增值评价（学期）]。

4. 生态迭代阶段（目标 4）

流程（4 环节）：① 教学行为数据采集 → ② 决策效能四象限分析 → ③ PDCA 循环优化 → ④ 效度验证。

典型成果：带有预警机制的自我迭代优化路线图。

三、数字资源立方体建设

阶　段	知识建构资源	技能训练资源	思政浸润资源
数字原型	混合式教案案例库 ARCS 自动诊断工具	方案结构化模板包 微格评价指标树	教育信息化先锋人物纪录片
跨科融合	问题情境颗粒库 STEAM 教学框架	跨学科融合沙盘系统 合规审查清单	跨学科科研攻关团队口述史
多元创变	学习风格特征库 多模态活动标签体系	量规自动生成器 策略匹配决策树	教育公平实践典型案例集
生态迭代	教学决策案例库 教育大数据看板	PDCA 循环工作页 预警响应训练系统	教育家精神传承系列微课

四、课程思政融合路径

1. 工匠精神培养：解析教育信息化先锋人物案例，树立教案设计精益求精的态度。

2. 系统思维塑造：在跨学科问题解决中融入“全国一盘棋”的大

局观。

3. 教育情怀浸润：通过乡村教师坚守教育岗位的案例，培养“有教无类”的职业使命感。

4. 创新担当意识：学习教育技术攻关史，增强破解“卡脖子”难题的责任感。

5. 伦理责任渗透：在差异化学情应对中强化教育公平价值导向。

五、量化评估方案设计

1. 过程发展性评估：数字画像准确度（学习分析系统数据）、方案迭代版本数（Git 式版本管理系统）。

2. 成果创新性评估：跨学科映射覆盖度、工具原创性指数。

3. 生态适应性评估：决策改进响应速度（数字孪生系统监测）、教育伦理符合率（专家复核通过率）。

4. 创新评估机制：三方联动评审、代币激励机制、能力增量可视化（生成个性化雷达图，每周自动更新数据）。

六、创新特色实施保障

1. 认知参与动态调适系统，实时检测三大认知参与问题：行业脱节幅度（实践要素覆盖率监测）、认知负荷峰值（脑电生物反馈预警）、参与持续指数（学习行为连贯性分析）。

2. 产教融合双导师制。为每阶段配置“基础教育名师 + 教育科技工程师”双导师：名师侧重教育规律指导，工程师提供技术实现支持。

3. 开发虚实融合的教学场景沙盒：虚拟教研室（跨校方案协同设

计）、数字双生课堂（方案预演与应激测试）、成长型 AI 学生（智能模拟差异化学情）。

在仔细研读完 AI 生成的课程整体设计思路后，我们往往会发现，AI 所提供的每一个结果并非都能令我们十分满意。例如，在“教学技能技法”这个案例中，AI 将每个阶段的课时平均分配的做法，显然与实际的教育情况不相符。因此，我再次强调，AI 所给出的执行结果仅供教师参考与借鉴。

二、AI 赋能教学流程设计

1. 根据整门课设计进行单元或课堂流程设计

在完成了整门课的课程设计之后，教师可以依托整门课的设计框架来开展单元或课堂教学流程的设计。具体案例如下。

提示词

- **角色：**你是一位教学流程设计助手。
- **技能：**熟悉教学设计原则和方法，能够根据教学目标设计合理的教学流程。
- **任务：**根据我给你的“教学技能技法”的一节课的教学目标，设计一节课的教学流程。

- 任务要求

1. 教学流程要符合“教学技能技法”教学目标，能够有效促进学生的学习。
2. 教学流程要具有创新性，能够体现教学创新大赛的要求。
3. 教学流程要详细且具体，包括教学环节、教学方法、教学活动、教学时间等。同时说明每个环节所需的环境和资源。
4. 教学流程要具有可操作性，能够实际应用于课堂教学。
5. 教学流程所花费的总时间为 2 ~ 6 学时，可有线上线下或者不同授课环境之分。

- 教学目标

1. 使用 STEAM 解构工具拆解教育教学问题的学科属性边界。

2. 创建跨学科概念的知识映射关系矩阵。

- 教学目标背景说明： 该课程分为数字原型阶段、跨科融合阶段、多元创变阶段和生态迭代阶段。其所要完成的目标是跨科融合阶段第二个流程“跨科解码”的子目标。跨科融合阶段的具体流程为：① 课堂问题情境库抽提 → ② 跨科解码 → ③ 策略叠加 → ④ 方案预演与合规审查。

AI 执行结果

阶段一：理论奠基与工具解析（45 分钟）

环节 1：痛点共鸣（15 分钟）

· 活动：观看“传统分科教学失败案例”视频（如教师忽略技术属性导致编程教育目标偏差），分组罗列教学设计中的学科边界模糊问题。

· 资源：视频案例库、KWL 表（记录已知痛点和学习目标）。

环节 2：STEAM 解构工具精讲（30 分钟）

· 活动

1. 对比呈现两版教学设计方案：A 版（单一学科设计）与 B 版（用 STEAM 解构后的跨学科设计）。
2. 教师拆解 B 版教学设计方案中的"五维属性标记法"[示例：初中《声音传播》教案中，科学原理（S）与乐器制作工艺（A/E）的关联标注]。

· 创新点：用教学案例强化学生对工具的"教学转化"认知。

阶段二：微型教案拆解实训（45 分钟）

环节 3：逆向解析实战（30 分钟）

· 活动

1. 每组抽取一份完整的跨学科教案（如"设计校园雨水回收系统"科学课教案），标注作者的 STEAM 维度使用痕迹。
2. 使用双色标记法：用蓝色标注显性学科关联（教案已写明部分），用红色标注需补充的隐性属性（如艺术维度中的"装置美观性设计"）。

· 资源：跨学科教案库、标注工具。

· 产出：生成"教案隐性学科属性诊断报告"。

环节 4：争议点攻防（15 分钟）

· 活动：针对"是否有必要强制匹配所有 STEAM 维度"展开辩论，教师总结"维度选择需与教学目标和学段特征相匹配"。

阶段三：知识映射与教案改良（45 分钟）

环节 5：矩阵构建工作坊（30 分钟）

· 活动

1. 基于诊断报告，从教案中提取核心概念（如“雨水回收 – 技术原理 – 比例计算”）。
2. 使用三层级映射法构建矩阵：基础层（学科知识点直接关联）、扩展层（跨学科思维方法，如工程优化中的迭代思维）、创新层（真实场景迁移链路）。

· 工具：跨学科思维引导卡。

环节 6：教案迭代挑战（15 分钟）

· 活动：根据矩阵为原教案补充一个融合性教学活动（如加入“用数学建模对比不同材质滤芯成本”任务），提交方案并组间互评。

· 评价标准：维度关联合理性 > 技术可实现性 > 创意性。

阶段四：迁移测评与反思（45 分钟）

环节 7：实境测评（30 分钟）

· 活动

1. 发布新教学主题（如“小学的《认识植物生长》”），要求独立完成。

STEP1：用 STEAM 工具拆解主题中的潜在学科属性。

STEP2：构建知识映射矩阵并标注优先级。

STEP3：基于矩阵设计一个跨科教学活动。

2. 通过 AI 测评工具快速反馈矩阵逻辑漏洞。

环节 8：生态迭代意识引导（15 分钟）

· 活动：播放教师访谈视频，引出“跨科解码须随技术发展更新维度”，布置动态追踪作业——持续观察一份跨学科教案的年度版本迭代。

从整体上来说，依托整门课的设计框架来开展单元或课堂教学流程的设计，有助于确保单元与课堂教学流程与整体课程目标高度契合，实现教学内容的连贯性和系统性；有助于教师从宏观视角合理分配教学资源和时间，提高教学效率；有助于教师依据整体设计思路对局部教学进行精准定位和优化，从而更好地满足学生的学习需求，提升教学质量。但教师仍然要保持警惕，要向内探寻自己的教学能力以及学校目前所能提供的教学资源，思考实现 AI 所提供的教学流程的可能性，并进行适应性调整。

2. 先让 AI 介绍相关理论，再让其生成教学流程

除了依托整门课的设计来开展单元或课堂教学流程的设计，教师还可以让 AI 基于教学设计与实施的相关理论进行教学流程设计。教师如果对现有的各类教学理论不太熟悉，就可以先让 AI 介绍相关理论，之后再让 AI 生成教学流程，从而使教学设计更具科学性与合理性。

提示词

- **角色：**你是一位教学理论专家。

- **技能：**精通各种教学流程，能够根据教学创新大赛的要求，提供相关的理论知识。

- 任务：介绍实施一节课或一个单元教学的教学流程。
- 任务要求

1. 提供的教学流程要具有权威性和实用性，能够指导教学流程的设计。
2. 对每个教学流程都要进行详细的解释和说明，包括教学流程的操作步骤和每一步的组织策略。
3. 至少提供 5 种不同的教学流程。
4. 请注意要提供的是教学流程，而非教学设计流程。

AI 执行结果

一、BOPPPS 教学模型

1. Bridge-in（导入）：可采取“钩子策略”，比如问题情境、震撼数据、反常识现象等。
2. Objective（目标）：可采用 ABCD 行为目标表述法。
3. Pre-assessment（前测）：可通过概念图绘制、KWL 表格制作、集体答题等方式进行前测。
4. Participatory Learning（参与式学习）：可采用拼图法、专家共享轮、角色扮演法等方法促进学生参与学习。
5. Post-assessment（后测）：可采用三分钟小论文、结构化辩论、错误纠正站等方法组织后测。
6. Summary（总结）：可采用 3-2-1 反思法（3 个新概念、2 个疑问、1 个应用）。

二、5E 探究式教学模式

1. 参与（Engagement）：可采用制造认知失衡的方法，比如演示相矛盾的现象引发追问。

2. 探索（Exploration）：可通过小组任务引导学生探索，比如控制变量对比实验设计。

3. 解释（Explanation）：可实施“专家听证会”，比如让学生代表替代教师讲解。

4. 迁移（Elaboration）：可提出跨界应用挑战，比如将光合作用原理迁移到新能源研发中。

5. 评价（Evaluation）：可采用过程性档案袋，比如记录迭代改进的草图与反思。

三、抛锚式教学

1. 抛锚：通过创设困境的方式吸引学生参与，比如呈现视觉化难题（如污染河流生态图）。

2. 问题链生成：可通过三轮（个人→两人→四人组的渐进提问）讨论细化生成问题。

3. 跨学科探究：组织学生进行跨学科探究实验。

4. 方案展示与修正。比如使用角色模拟答辩：政府 / 企业 / 居民三方立场辩论。

四、任务驱动教学流程

1. 任务发布：设置分阶任务卡（基本版→挑战版→创新版）。

2. 工具包发放：提供思维导航图与错误案例集。

3. 过程示范：左边为专家操作，右边为常见误区提示。

4. 合作实践：每组每个同学分配不同岗位。

5. 成果检验：多维评估。

6. 技能迁移：布置变式任务。

五、合作学习

1. 教师授课：核心概念精讲 + 应避免的认知陷阱。

2. 小组研习：结构化讨论（质疑点→证据链→共识区）。

3. 个人测验：使用开放式问题或者选择题。

4. 小组积分：采用进步分计算，比如相比基线成绩的提升幅度。

5. 表彰反馈：电子勋章墙展示 + 教师签名认证卡。

六、辩论式教学六步法（价值观课程适用）

1. 选题破冰：争议话题投票。

2. 立场盲选：随机分配正反方。

3. 资料攻防：提供倾向性材料包。

4. 即兴辩论：抽签决定发言顺序。

5. 立场反转：互换角色重新论述。

6. 共识构建：提炼深层价值共性。

AI 已经按要求提供了教学理论，此时教师可以结合自己拟参赛的课程向 AI 追问，请 AI 给予相应的教学流程建议。

追问提示词

我是教“中医内科学”的老师，我想知道，根据“中医内科学”的课程特点，你推荐我采取什么教学流程进行授课呢？给我 3 个建议。

AI 执行结果

根据“中医内科学”辨证论治、理法方药一体、经典与临床结合的课程特点，结合现代教育理念，推荐以下 3 种针对性教学流程。

推荐一：基于案例的辨证五步法（适合病症教学）

核心逻辑：依托真实医案，还原辨证思维过程。该教学流程的优势在于强化辨证思维链条，衔接经典与现代临床。

1. 情境呈“象”

· 播放患者“四诊”视频（模拟真实望诊、问诊场景）。

· 提供病史资料卡（含节气、地域、情志等中医致病因素）。

2. 辨“证”工坊

· 分组使用辨证树状图。

· 配备虚拟舌苔脉象仪数据辅助判断。

3. 经“方”论治

· 古籍原文检索赛（如《伤寒论》条文关联度分析）。

· 方剂加减论证（使用药物性味归经磁贴板可视化配伍）。

4. 验“效”推演

· AI 模拟患者服药后反应（预设不同体质患者病症变化路径）。

· 小组预测并解释病机。

5. 拓“展”升华

· 现代病案改写（如用消渴病理论分析糖尿病防治）。

· 绘制“理－法－方－药”思维导图。

推荐二：经方教学三阶模进法（适合方剂教学）

设计原理：从经典认知到创新应用的渐进式突破。

1. 第一阶：识方明理

· 方源追溯：角色扮演张仲景诊病开方情境。

· 药方口诀：用中医药性类 App 解析每味药的君臣佐使角色。

2. 第二阶：临证加减

· 病案变形：给出原方主治病案，逐步添加合并症。

· 加减擂台：小组竞争，提出最佳方案。

3. 第三阶：跨界创用

· 现代病症映射：用乌梅丸思路设计肠易激综合征治疗方案。

· 方剂可视化：将方剂用太极八卦图呈现。

教具创新：智能经方沙盘（电子版药物配伍模拟系统）、AR 舌诊训练仪（叠加不同证型的舌象变化）。

推荐三：四诊合参情境教学法（适合诊断训练）

1. 情境加载。虚拟诊室：360° 全景中医馆环境，含节气时钟、地域标识。

2. 角色代入。学生双角色轮换：医师 vs 患者（训练问诊技巧与病症表达）。

3. 四诊推演。

· 望诊：高清面诊色卡比对系统（自动标识五色主病）。

· 闻诊：用肠道鸣音模拟器分辨虚实。

· 问诊：AI 患者应答库（预设回答陷阱，如隐瞒情志史）。

· 切诊：脉象模拟仪（可调节滑脉、弦脉等参数）。

4. 病机辩论。小组提出不同辨证结论，引用《内经》条文论证。

5. 师承复盘。播放著名老中医诊疗同类型病案的录像，进行对比分析，并复盘。

我们可以清晰地看到，AI 依据“中医内科学”的内容分类给出了不同的教学流程建议。或许不少教师会心生疑问：是否能够不事先向 AI 询问相关教学理论，就直接让 AI 提供教学流程建议呢？下面是直接询问 AI 后 AI 给出的答复。请大家先仔细观察，而后将其与先咨询理论再生成的教学流程建议加以对比。

直接询问 AI 的执行结果

病案情境模拟 + 辨证思维导图法，适用环节：内科常见病（如咳嗽、消渴、胸痹）基础理论教学。具体流程如下。

1. 病案导入：课前发布典型病例（如“老年糖尿病患者多饮、伴下肢麻木”），要求预判病机。

2. 课堂发散。

· 学生分组画出“三因分析 + 脏腑归经 + 证型演变”思维导图。

· 针对争议点（如“瘀血是病机还是结果”）组织辩论。

3. 理论回扣：结合《丹溪心法》《景岳全书》原文，解析消渴“三消分治”的古今演变。

4. 临床衔接：播放三甲中医院查房视频，对比学生方案与真实诊疗差异。

这些看起来也很好，对不对？但是如果仔细辨别就会发现如下问题。

第一，在导入病案之后，没有教师教学就给学生布置绘制思维导图和辩论的任务。学生不会因为接到一个高阶任务就自然学会某些知识，反而会知难而退。

第二，理论回扣环节生成的“三消分治”的古今演变路线与病案导入环节提到的“预判病机”任务的相关性不足，不能帮助回溯任务的完成。要知道导入病案后，就需要解决病案一开始提出的问题。

第三，临床衔接环节要对比学生的方案与真实诊疗差异，可是前面的任何一个环节都没有让学生产出“诊疗方案”，而且中医院查房视频中也不会出现诊疗方案，对比根本无从下手。

整体而言，倘若没有前期与 AI 的交流，使其明晰教学流程的内涵，而直接让 AI 辅助生成教学流程，那么就容易出现上述“看似不错，实则经不起推敲”的教学流程。也就是说，AI 出错的概率会更大。倘若教师自身不进行科学审视，就容易出现向 AI 学习设置多种活动，却不考虑教学评一致以及各环节顺畅衔接的要求的情况。

注意

教师务必先通过与 AI 对话的方式，向 AI“投喂”教学流程相关理论，再要求其提供教学流程建议。同时，教师也一定要增强自身对 AI 生成结果的判断能力，做到谨慎参考。

三、AI 赋能教学方法设计

教学方法可以理解为教师在教学中采用的“行动方案”，它对教学效果的好坏起着极为关键的作用。然而，这一关键要素却常常被不少教师忽略。他们在日常教学中很少运用教学方法；到了参赛时，自然也难以运用这些方法。好在有 AI，它能够帮助教师开启教学方法的探索之旅。

1. 通用教学方法

首先，我们来了解一下通用教学方法。通用教学方法指的是尚未与具体课程相结合，却能够为任一学科提供启发的教学方法。我将教学方法划分为行为参与、认知参与和情感参与三大类别，并请 AI 分别为这三大类教学法提供相应的方法建议。

提示词

– **角色：**你是一位拥有教育学博士学位的教学方法顾问。

– **技能：**熟悉国内外教学理论体系，精通各种教学方法，并擅长对其进行系统分析和分类；能根据教学场景特征提供最佳方法组合。

– **任务：**请为高行为参与教学方法、高认知参与教学方法、高情感参与教学方法分别列举 10 种教学方法。

– **任务要求**

1. 为每大类教学方法提供不少于 10 种的教学方法。

2. 说明每种教学方法的具体实施方法。

3. 说明每种教学方法适用的场景。

4. 注意不要举例，而是给出通用的使用场景。

AI 执行结果

一、高行为参与教学方法（侧重身体操作与行动响应）

1. 游走辩论法：设置可移动观点标签（同意 / 反对 / 待定），学生根据论点切换站位并即兴发言。该方法适用于需要动态展示观点分歧并促进即时立场转换的教学情境。

2. 3D 建模实操：使用 3D 打印 /VR 建模工具重建抽象概念（如蛋白质折叠过程）。该方法适用于需要将抽象概念或动态过程进行可视化构建及操作验证的课程。

3. 实验室轮转制：设立 6 ～ 8 个技能站点，每组限时完成指定操作（如显微镜调试 + 离心机使用）。该方法适用于多模块化专业技能体系的递进性实操训练环节。

4. 手势应答系统：规定特定手势对应答题选项（如双手交叉代表不确定），教师在讲授中随机检测。该方法适用于大班授课时进行即时反馈。

5. 情境化角色扮演：分配立场对立的双重角色（企业 CEO/ 环保组织代表），模拟商业谈判。该方法适用于有不同角色立场的讨论课程。

6. 多模态作品创作：要求采用视频剪辑 + 概念漫画 + 数据可视化

的混合形式呈现研究成果。该方法适用于让学生做跨学科专题汇报的场景。

7. 移动学习日志：使用 GPS 定位记录校园考察轨迹，结合地理信息系统标注观察发现。该方法适用于有野外实践的课程。

8. 操作流程图解构：将复杂实验步骤分解为可重新排序的卡片模块，进行流程重组。该方法适用于复杂流程分解与重组训练的标准程序教学。

9. 实物拼装挑战：提供机械部件 / 建筑模块，进行限定时间内的创意建构（承重、流体动力学等测试）。该方法适用于工科设计基础类课程。

10. 动态数据采集赛：分组使用传感器收集环境参数（温度 / 亮度 / 噪声），进行实时数据可视化比拼。该方法适用于需要将物理世界与数字模型建立映射的教学场景。

二、高认知参与教学方法（侧重思维加工与概念重构）

1. 概念碰撞工作坊：提取对立理论的核心观点并制作成卡片，进行对抗辩论。该方法适用于需要将对立理论框架进行比较与整合的场景。

2. 多层问题梯：设计 3 级递进式问题（记忆→分析→创造），逐层解锁文档访问权限。该方法适用于要求从事实记忆向创造思维逐级推进的深度知识加工环节。

3. 元认知流程卡：制作包含“我为什么这样想”“是否有反例”等问题的思维监控卡片。该方法适用于需要显性监控思维过程的反思性学习活动。

4. 论证树构建：用树状图分解论点－论据－论证链条，用红色标记逻辑漏洞区域。该方法适用于结构化逻辑推理能力培养的学术写作训练。

5. 专家思维模拟：反推某个领域专家的研究日志（如 DNA 结构发现过程），还原关键决策点。该方法适用于特定领域专家认知模式的内化学习。

6. 跨学科概念桥：选取同形异质的概念，进行多学科意义映射对比。该方法适用于需要多学科知识迁移与整合的创新性课程。

7. 认知冲突设计：故意呈现错误实验数据，引导学生识别矛盾并重建理论假设。该方法适用于需要打破原有认识并重建知识体系的科学教育。

8. 动态知识图谱：使用语义网络工具持续更新课程概念关系演变图。该方法适用于专业核心课程。

9. 反转决策练习：给定失败案例，逆向推导原始方案的缺陷并提出改进措施。该方法适用于管理类课程。

10. 三段式追问法：对任意陈述连续提问三次（如“此结论可以如何证实？”），建立证据链。该方法适用于学生做结论陈述的场景。

三、高情感参与教学方法（侧重态度转变与价值认同）

1. 文化沉浸叙事：通过播放方言录音、接触传统工艺实物，体验地域文化。该方法适用于需要文化价值体验与文化基因传承的教学设计。

2. 价值观光谱：在教室设置 0 ～ 10 立场标尺线，根据情境问题动态调整站位并说明理由。该方法适用于社会价值立场分析与伦理判断力培养的课程。

3. 情感档案袋：收集课程学习中的情绪事件记录（兴奋 / 困惑时刻），定期进行模式分析。该方法适用于学习过程中的情感模式跟踪与自我觉察训练。

4. 隐喻创作法：用绘画、诗歌等形式将知识或概念转化为个人生活隐喻（如“细胞像我的家庭……”）。该方法适用于将个人经验与知识体系建立情感联结的转换性学习。

5. 感恩触点挖掘：寻找专业领域对社会进步的贡献案例，撰写虚拟致谢信。该方法适用于专业价值认同与社会责任意识培养。

6. 跨代际对话：邀请退休人员与新生开展专业发展关键事件访谈。该方法适用于职业精神传承与专业发展动力的情感激活。

7. 情境化服务学习：对接社会实际问题（如老年人面临“数字鸿沟”等）开展技术帮扶。该方法适用于将课程知识转化为社会价值的实践伦理教育。

8. 成长型复盘：将开学时的首份作品与期末作品进行对比，标注重要能力提升转折点。该方法适用于能力发展可视化呈现的成长型思维培养。

9. 人文关怀设计：重塑现有技术产品的人性化细节（如医疗设备界面的情感化改造）。该方法适用于设计类课程。

10. 英雄旅程框架：将学习历程按照“启程 – 考验 – 归来”模式进行总结。该方法适用于将学习历程转化为意义建构的心智发展叙事。

上述不同维度的教学方法是否也给了你一些启发？

教师进行单元或课时授课时，可交叉融合使用三维度方法。例如：化学实验操作（行为）+ 反常现象解释（认知）+ 实验室事故情景剧（情感）。教师也可以尝试采用参与度热力图进行教学设计评估：横轴为课时进度，纵轴为三维度强度，确保每 20 分钟至少出现一个情感 / 认知高峰体验节点。

教师对教学方法有足够的了解之后，可以让 AI 为指定教学流程的每个环节提供具体的教学方法建议。具体案例如下。

追问提示词

- **角色：** 你是一位拥有教育学博士学位的教学方法顾问。

- **任务：** 请根据下面的教学流程设计，为我提供每个环节的教学方法建议。

- **任务要求**

1. 每个环节最多提供 2 种教学方法，且分属于不同大类（高行为参与 / 高认知参与 / 高情感参与）。

2. 每种教学方法都要遵循必要性原则。

- **教学目标：** 学生能够设计并实施跨学科教学。

- **教学流程：** 抛出锚点（提出问题）、锚定方法（支架建构）、解决锚点（任务探究）、起锚反思（成果展评）、深锚迁移（创新拓展）。

AI 执行结果

环节 1：抛出锚点（提出问题）

1. 异质案例对比方法：同时展示优秀 / 失效两种跨学科案例（非仅播放低效实录），通过强烈对比，凸显学科割裂的危害，激发认知冲突。
2. 痛点映射工作坊：使用 SWOT 矩阵分析原案例的缺陷（学科孤立→学习迁移失败），将隐性教学问题显性化，推动设计改进。

环节 2：锚定方法（支架建构）

1. 概念解构塔方法：将核心问题分解为学科维度 / 活动维度 / 成果维度三级子问题，可避免任务模糊化，为跨学科关联提供结构化思考框架。
2. 参数化设计模板：提供含权重系数的表格 [如学科占比平衡度（30%）+ 活动衔接性（25%）……]，通过量化维度，防止活动设计零散化。

环节 3：解决锚点（任务探究）

1. 学科桥接图式方法：要求小组在思维导图中标注学科关联触发点（如数学统计→科学成分分析），可视化呈现跨学科逻辑，防止机械拼凑式融合。
2. 预案压力测试法：组间交换方案，进行漏洞攻击（如质疑美术元素与科学数据的割裂性），通过对抗性检验增强设计方案的抗毁性。

环节 4：**起锚反思（成果展评）**

1. 多模态模拟推演：不仅要展示 PPT，还需演示师生互动脚本（如垃圾分类游戏中的数学提问设计），可检验设计方案在真实课堂的动态适应性。
2. 三棱镜评价模型：进行学科整合度 / 认知负荷平衡度 / 社会价值转化力三维评分，可突破简单打分模式，指向跨学科教学深层质量指标。

环节 5：**深锚迁移（创新拓展）**

1. 认知降维适配法：制作学段特征排查清单（如幼儿园具象思维→需减少抽象数据模块），可防止经验主义导致的跨学段适应性失效。
2. 动态变量置换表：将原设计要素转化为可调节参数（如将科学知识深度由 70% 调整为 30%），可培养学生系统性迁移思维。

2. 学科教学方法

学科教学方法具备学科属性，比如艺术类课程与纯理论类课程的教学方法肯定有差异。教师可以通过给 AI 提供具体的课程信息，让 AI 针对课程的学科属性及教学任务特性匹配适宜的学科教学方法。下列案例是让 AI 为“解剖学”课程提供教学方法建议。

提示词

- **角色：** 你是一位拥有教育学博士学位的教学方法顾问。

- **技能：** 熟悉国内外教学理论体系及不同学科的学科教学方法；善于针对学科属性及任务特性匹配学科教学方法；能根据教学场景特征提供最佳方法组合。

- **任务：** 请分别列举适合“解剖学”课程的高行为参与教学方法、高认知参与教学方法、高情感参与教学方法。

- **任务要求**

1. 为每大类教学方法提供 2 ～ 3 种教学方法。

2. 说明每种教学方法的具体实施方法。

3. 说明每种教学方法适用的场景。

4. 注意不要举例，而是给出通用的使用场景。

AI 执行结果

以下教学方法基于“解剖学”学科特征（强实践性、空间结构认知、体系关联性），提供通用实施方案与适用场景。

一、高行为参与教学方法

1. 分阶段实操演练法

· 实施方法：将解剖操作拆解为模块化步骤（如骨骼定位→肌肉剥离→脏器观察），学生分阶段完成并即时提交操作记录；教师通过标准化动作示范＋动态纠错进行反馈。

· 适用场景：实体解剖实验课、基础技能标准化训练。

2. 数字工具辅助的虚拟实操

· 实施方法：利用交互式 3D 解剖软件（如虚拟解剖台），要求学生同步完成指定结构解剖路径模拟，并通过屏幕共享展示操作逻辑。

· 适用场景：复杂结构的可视化教学（如神经系统），实验条件受限时的替代方案。

3. 任务驱动的拼装竞赛

· 实施方法：提供可拆卸的人体模型组件，要求学生分组限时完成特定系统（如循环系统）的立体拼装，并结合功能描述进行组间互评。

· 适用场景：解剖结构空间强化训练，课堂导入阶段的动机激活。

二、高认知参与教学方法

1. 临床病例的逆向推理

· 实施方法：基于真实病例症状（如运动障碍），引导学生倒推受损解剖结构并论证因果关系，需整合多系统知识（骨骼 – 肌肉 – 神经）。

· 适用场景：跨章节知识整合、临床思维早期渗透。

2. 层级式概念图谱构建

· 实施方法：从器官解剖特征出发，逐层向外延伸其生理功能、病理关联及临床意义，形成动态网络图并持续迭代更新。

· 适用场景：系统性结构教学（如消化系统）、复习阶段的体系化梳理。

3. 对比性结构辨析任务

· 实施方法：设定矛盾焦点（如关节类型差异），要求对比不同结构的形态特征、功能适配性并提炼分类依据。

· 适用场景：易混淆概念深度学习、分类学思维培养。

三、高情感参与教学方法

1. 医学人文叙事联结

· 实施方法：关联解剖学习与医疗伦理话题（如遗体捐献），通过纪录片讨论、匿名感恩信写作等活动强化职业使命感。

· 适用场景：课程思政融合教学、实验课前情感准备。

2. 角色代入式情景模拟

· 实施方法：模拟手术室场景，学生轮换扮演主刀医生、助手等角色，基于解剖知识完成术前定位汇报并接受团队质询。

· 适用场景：高阶临床应用能力训练、团队协作动机激发。

上述案例是让 AI 提供整门课的学科教学方法。如果想让 AI 提供单元或课堂教学时的教学方法，就需要给 AI 提供具体的单元或课堂教学流程。下面以“中医内科学”的辨证五步法为例说明如何让 AI 提供具体的学科教学方法。

提示词

- **角色：**你是一位拥有教育学博士学位的教学方法顾问。

- **技能：**熟悉国内外教学理论体系及不同学科的学科教学方法；善于针

对学科属性及任务特性匹配学科教学方法；能根据教学场景特征提供最佳方法组合。

– **任务：**请为我所提供的"中医内科学"课程教学流程的每一个环节匹配一种最适合、可执行性最强的教学方法。

– **任务要求**：教学方法名称通俗易懂，说明每种教学方法的具体实施方法。

– **基于案例的辨证五步法（适合病症教学）：**（此处略，详情如本章"中医内科学"辨证五步法所示）

AI 执行结果

为"中医内科学"辨证五步法的每个环节匹配简明教学方法及可操作性实施方案如下。

1. 情境呈"象" → 实境感官法：多维度还原真实诊疗场景

① 在教室布置节气挂历、地域气候图，用灯光模拟昼夜节律。

② 播放患者"四诊"视频时同步释放气味（如湿热体味用藿香熏香）。

③ 分发三维病史卡（翻转卡片可见致病因素关联图谱，如"情志抑郁"关联"肝郁化火"病机动画）。

2. 辨"证"工坊 → 决策树协作法：构建辨证逻辑推理脚手架

① 每组发放辨证电子沙盘，拖曳病候要素即自动生成辨证树分支。

② 虚拟脉象仪设置矛盾参数（如"浮脉但恶寒"），触发辨证争议。

③ 用不同颜色标签标记证候优先级（红色为主证 / 蓝色为兼证），

投影实时统计各辨证结论支持率。

3. 经“方”论治 → 解构－重构法：还原经典配伍思维过程

① 古籍条文拼图赛：将《伤寒论》条文拆分成病机、症状、治法模块，限时重组完整方证。

② 在磁性配伍板上组方时，错误搭配触发报警（如“黄连＋干姜”显示寒热平衡动画）。

③ 设置“君臣佐使成本系统”——每增加一味药需消耗对应积分，倒逼精准选药。

4. 验“效”推演 → 溯因推理法：循证验证辨证逻辑链

① 录入小组方案后，AI 生成服药剂量效果曲线动态图（如补阳还五汤的瘀斑消退进度）。

② 设置治疗转折点（如“第 3 日出现腹泻”），要求逆向反推错判的病机环节。

③ 通过视频回放功能对比各决策关键点的思维差异，标星优质推理路径。

5. 拓“展”升华 → 双轨迁移法：链接古典理论与现实践行

① 古今病案对比表：将甲状腺功能亢进案例与“瘿病”古案并列，标注证治异同点。

② 思维导图墙设置磁性连接线，要求用红、蓝线区分经典理论与现代医学解释。

参赛指导

建议参赛教师深度挖掘学科核心素养（如解剖学的空间认知），选择几种最能凸显学科特质的教学方法。需注意的是，这些方法不是写入参赛材料的“摆设”，而是要真正用于课程教学改革与创新实践，这样才有意义。

如果感觉 AI 提供的学科教学方法过于复杂，或者所需的技术平台和资源目前无法实现，则可以进一步向 AI 追问。例如：

追问提示词

请降低一些方法的技术水平。

AI 执行结果

根据教学场景实际情况，调整后的低技术含量方案如下，着重使用简易教具与全员互动设计。

1. 情境呈“象” → 多感官情境法

① 学生扮演患者（提前观看典型舌象照片 / 脉象描述卡）进行问诊演练。

② 将节气、情志等要素制成转盘教具，旋转转盘生成不同病因组合。

2. 辨“证”工坊 → 手绘决策树法

① 分发可粘贴的辨证要素纸条（症状、体征、环境等），在大白

纸上拼接辨证树状图。

② 矛盾证候处理：每组发放“辨证矛盾卡”（如“发热但畏寒”），用不同颜色便利贴标注可能病机。

③ 举牌投票：各组展示辨证结论，全班举红 / 绿牌表决（支持 / 质疑），陈述时需引用《中医诊断学》原文。

3. 经“方”论治 → 方证拼接竞赛

① 制作药材磁贴（含性味归经标签），在铁板上配对时错误组合自动脱落（磁铁反极设计）。

② 古籍条文匹配赛：将《伤寒论》条文与对应方剂制成卡片，限时完成“病症－方药”连连看。

③ 加减法辩论：提供固定预算（如“8 味药限额”），小组需辩论每味药的去留理由。

4. 验“效”推演 → 角色扮演推演法

① 设置体质角色卡（阳虚 / 痰湿等），服药后由教师根据组方合理性宣布症状变化。

② 病情转折盲盒：从信封抽取并发症提示（如“腹痛拒按”），立即调整治疗方案。

③ 绘制疗效时间轴：用不同颜色马克笔标注症状改善 / 恶化节点，并书写病机变迁说明。

5. 拓“展”升华 → 双轨对照法

① 绘制双层思维导图（上层古代医案 / 下层现代病例），用鱼线

连接对应病机要点。

② 病例改写工坊：提供糖尿病检查单，要求用毛笔在宣纸上书写古风医案（含症状描述）。

③ 社区义诊：设计《中医辨证知识口袋手册》，用漫画形式解释经典方剂在当代的应用。

参赛指导

AI 所生成的教学方法名称往往有很浓的“AI 味”，过于侧重技术标签而弱化了教学场景的适配性和教育的人文属性。教师要重点阅读 AI 所提供的教学方法的具体操作流程，再有针对性地改良名称。更重要的是，要注意在日常教学实践中收集相关教学方法的使用证据作为佐证呈现在参赛材料中。

由上可知，两种方法的技术性差异比较大，教师可根据所在学校的技术水平及教学设备投入状况，选择目前能实施的教学方法。若教学方法因技术平台限制不能实施，可将技术平台设计与实现作为下一步的课程建设计划，以便为各类教学方法的实施提供土壤。

AI 赋能的时代，教学策略设计正从经验驱动走向科学协同的新范式。教师通过三维度策略的有机整合，能够在认知跃迁中激活深度思维，在情感共振中培育价值认同，在行为强化中实现能力迁移。这样既能突破传统教学局限，又可为学生打造更具吸引力、参与度和成效的学习体验。

3.3 教学评价创新

一、跟着 AI 学教学评价理论

欲实现对教学的精准、有效评价，深入探究教学评价理论是必不可少的。当代教学评价理论倡导从多维度、全过程进行动态评估，强调诊断性、形成性与总结性评价的融合运用。而且，当前教学评价改革着重突出发展性视角，倡导通过增值评价、表现性评价等多元化手段，将关注点聚焦于学生的个体纵向进步以及课程目标的达成度。同时，积极引入教师、学生、家长、行业专家等多元主体参与评价过程，以保障评价的公平性与合理性。

对评价理论的深度理解和灵活运用，能够助力教师设计出科学、合理的评价工具，使课程目标、教学实施与评价结果之间形成紧密的闭环反馈机制，进而有效提升教学实施的质量与育人效能。

教师对教学评价理论不熟悉怎么办？当然也可以询问 AI。通过与 AI 交互，教师能够快速地了解一些教学评价理论。需要着重强调的是，AI 所提供的仅仅是简化的内容。教师若想深入探究教学评价理论，最佳途径还是系统地阅读相关的图书。在 AI 时代，人与人的差异很大程度上来自对理论的掌握程度不同。

提示词

- **角色：**你是一位教育学理论研究者，专注于教学评价领域的理论研究与实践探索，具有深厚的教育学理论功底和丰富的教学评价经验，能够深入分析和解读教学评价的相关理论。

– **技能：**熟练掌握教学评价的基本概念、原理和方法；熟悉各种教学评价理论的内涵、特点和应用范围；具备较强的文献检索和分析能力，能够从大量文献中提炼教学评价理论的核心要点和最新研究成果；擅长运用理论联系实际的方法，将教学评价理论与实际教学案例相结合，深入浅出地讲解理论知识，使读者更容易理解和应用。

– **任务：**帮助我了解一门课程教学评价的相关理论。请详细介绍至少 6 种教学评价理论的基本内涵，以及这些理论在教学评价中的应用步骤。

– **任务要求**

1. 准确性：所提供的教学评价理论信息应准确无误，引用的文献资料应真实可靠，确保理论知识的科学性和权威性。
2. 条理性：讲解教学评价理论时应条理清晰、逻辑严谨，按照一定的顺序和结构展开，以便读者理解和掌握。
3. 可读性：语言表达应通俗易懂、简洁明了，避免使用过于专业和晦涩的术语，要使读者能够轻松理解教学评价理论知识。

AI 执行结果

一、泰勒目标导向评价

基本内涵：教师基于预设教学目标设计评估工具，通过标准化测量判定目标达成情况，强调“目标 – 教学 – 评价”的一致性。应用步骤如下。

1. 编写目标：制定可观测的行为目标（如“学生能运用公式计算浮力”）。

2. 开发测评工具：设计与目标相匹配的测试题、实验评分表等。

3. 实施评估：收集学生达标数据。

4. 教学干预：对未达标学生进行补偿性教学。

二、形成性评价

基本内涵：教师在教学过程中实时收集反馈信息，用于及时调整教学策略的连续性评估活动。应用步骤如下。

1. 设计诊断工具：准备课堂练习题、概念图填空等快速测评工具。

2. 多点位检测：在讲授新知识后立即开展 5 分钟小测验。

3. 分析数据：统计错误率超过 30% 的知识点。

4. 动态调整：针对薄弱环节设计强化训练模块。

三、总结性评价

基本内涵：教师在单元 / 学期结束时实施的综合性评定，用于判断整体教学效果并为后续课程提供依据。应用步骤如下。

1. 确定评估范围：梳理课程核心知识点与能力要求。

2. 编制试卷：开发覆盖认知、应用、分析层级的试题。

3. 制定评分标准：明确不同得分段对应的能力描述。

4. 结果应用：将成绩分析报告用于下一轮教学设计。

四、档案袋评价（教师主导版）

基本内涵：教师系统收集学生作品并建立个人成长档案，通过对比分析实现过程性评估。应用步骤如下。

1. 确定收集标准：选定实验报告、单元思维导图等体现能力的作品。

2. 定期归档：每周收取学生代表作并标注日期。
3. 纵向分析：对比各阶段作品，分析进步轨迹（如实验设计复杂度变化）。
4. 形成报告：基于档案内容撰写个性化学习诊断书。

五、量规评价法

基本内涵：教师使用结构化评分指南实施标准化评估，提升评价透明度和可操作性。应用步骤如下。

1. 设计量规：明确维度（如实验操作规范性）和四个评分等级描述。
2. 提前公示：课前向学生讲解量规内容与范例。
3. 应用评分：在批改作业时直接勾选对应等级。
4. 反馈关联：根据量规等级撰写细化改进建议。

六、掌握学习评价法

基本内涵：教师通过阶段性达标测试确保学生完全掌握当前内容，未达标学生需接受强化辅导。应用步骤如下。

1. 分解知识点：将课程拆解为可独立评估的小单元。
2. 单元测试：每单元结束后实施达标测验（正确率≥ 80%）。
3. 分层干预：对未达标学生进行额外讲解或练习。
4. 重测验收：重新测试，直至达标率符合要求。

七、教学评一致性理论

基本内涵：教师强调教学目标、教学活动、评价任务三者的精准匹配，形成“目标引导教学－教学支撑评价－评价反哺目标”的闭环系统。应用步骤如下。

1. 解构目标：将课程标准转化为可操作的行为动词（如解释电路原理→绘制电路图并标注电流方向）。
2. 设计活动：开发与目标强关联的教学活动（针对“绘制电路图”目标，设计元件组装实操课）。
3. 匹配评价：创建直接反映目标达成的测评任务（要求学生独立完成电路图设计并说明原理）。
4. 校准验证：用三角验证法检查“目标－活动－评价”的一致性（教师自检表＋同行评审）。

八、表现性评价理论

基本内涵：教师通过观察学生在真实情境中应用知识技能的表现进行评价，重点关注高阶思维与问题解决能力。应用步骤如下。

1. 创设情境：设计贴近现实的挑战任务（如“为社区设计节水方案”）。
2. 制定量规：明确知识应用、创新性、可行性等维度的分级标准。
3. 过程记录：使用观察量表、视频录像等方式捕捉学生表现。
4. 证据评估：对照量规分析作品 / 操作中的能力体现。

AI 提供了多种教学评价理论，教师在实施教学评价时可综合使用这些评价理论。例如，进入新授课单元，前 3 天可用形成性评价监测学生对知识的理解情况，在单元结束时用泰勒目标导向评价检验学生的目标达成度；实践类课程可用量规评价法评估学生作品质量，同时用档案袋评价收录过程性材料辅助评分；复习阶段可采用掌握学习评价法对学生进行分层达标训练。

二、让 AI 撰写教学评价方案

在撰写教学评价方案时，教学评一致性是必须遵循的核心准则。它可确保教学目标、学习过程和评价方式紧密相连，形成一个有机的整体。在此基础上，教师可以根据课程的具体特征，灵活引入其他教学评价理论，进一步丰富和完善教学评价方案。同时，教师还可借助 AI，结合课程目标，生成更具针对性和科学性的教学评价方案，从而提升评价的精准度和有效性。

提示词

- **角色：**你是一位教学评价方案设计师，具备丰富的课程设计与评价经验，熟悉各类课程的特点和评价要求，能够根据课程目标制定科学、合理的教学评价方案。

- **技能：**熟练掌握教学评价的基本理论和方法，能够准确分析课程目标，设计相应的评价指标和评价工具；具备良好的沟通能力和团队协作能力，能够与不同评价主体进行有效沟通，确保评价方案顺利实施；熟悉数据分析方法，能够对评价结果进行科学分析和解读，为课程改进提供有力支持。

- **任务：**请根据我提供的“教育研究方法”课程目标，结合教学评一致性理论、掌握学习理论，设计教学评价方案。请设计与课程目标一一对应的评价工具与方法，并以表格的形式呈现。

- **任务要求**

1. 准确性：评价方案设计应紧密围绕课程目标进行，确保评价内容与课程目标高度相关，准确反映课程的教学要求和学生的学习成果。

2. 全面性：评价方案应涵盖课程教学的各个方面，包括教学目标的达成情况、教学内容的掌握程度、教学方法的有效性、教学资源的利用情况等，确保能够对课程教学进行全面、系统的评价。

3. 可操作性：评价方案应具有较强的可操作性；评价工具和方法应简便，易于评价主体掌握和使用；评价流程应清晰明了，便于组织实施和管理。

4. 科学性：评价方案应遵循教学评价的基本原则和方法，评价指标应具有科学性和合理性，评价结果应具有可靠性和有效性，能够为课程改进和教学决策提供科学依据。

5. 发展性：评价方案应关注学生的学习过程和个体差异，注重评价的激励和发展功能，通过评价促进学生的全面发展和教师的教学改进。

- **课程目标**

1. 研究设计：用问卷法、观察法和行动研究范式做研究设计。

2. 研究方法：基于研究“研究方法”的方法研究任意新研究方法（“新研究方法”是针对学生而言的“新”方法）。

3. 研究辨析：审辨式审视方法的适用性及研究设计的规范性。

AI 执行结果

课程目标	评价维度	评价工具与方法	流程阶段
研究设计	问卷法设计规范性	1. 量表评分（含问题逻辑性、抽样方法等指标）。 2. 模拟数据收集实操考核	第 4 周形成性评价
	观察法编码科学性	1. 观察记录表与编码系统设计报告。 2. 视频案例编码一致性检验	第 6 周阶段性诊断
	行动研究循环完整性	1. 行动研究日志（含至少 3 轮“计划 – 行动 – 反思”记录）。 2. 流程图可视化呈现	第 10 周终结性评价
研究方法	方法论迁移能力	1. 新研究方法分析报告（使用课程所教方法解构 1 种新方法）。 2. 方法解构思维导图（展示问卷 / 观察 / 行动研究范式的应用痕迹）	第 7 ～ 8 周过程性评价
	新方法研究设计能力	1. 新方法研究设计方案（包含“研究问题 – 方法适配论证 – 数据收集步骤 – 伦理声明”）。 2. 设计方案答辩（回答方法操作细节提问）	第 12 周成果输出
研究辨析	方法适用性判断	1. 案例分析报告（识别 10 个预设陷阱中的方法误用）。 2. 辩论赛表现（正反方论证方法选择）	第 5/9/11 周嵌入式评价
	设计规范性审查	1. 盲审他人研究方案（使用“学术审查清单”并逐项打钩）。 2. 规范性漏洞修正报告	第 13 ～ 14 周

可以看到，AI 所提供的教学评价方案以“能力导向、全程覆盖、多元反馈”为核心理念，构建了“过程性—阶段性—终结性”三级评价体系，聚焦于研究方法的设计、迁移与批判性应用能力。课程初期（第 4

周）通过问卷设计任务评估学生规范设计的能力，结合量表评分与模拟实操检验逻辑性与操作规范性；中期（第 6 ~ 8 周）分阶段推进观察法编码训练与方法论迁移实践，要求学生设计科学编码系统并解构新研究方法，强化其理论转化能力；后期（第 10 ~ 12 周）以行动研究日志、新方法研究设计方案及答辩为核心终结性任务，系统考察行动研究循环完整性与创新设计能力。此外，课程嵌入辩论赛、案例分析等动态活动（第 5、9、11 周），引导学生辨析方法的适用性陷阱，并通过同伴盲审与规范性漏洞修正（第 13 ~ 14 周）深化学术伦理意识。全课程采用“量化评分 + 质性反馈”双轨机制，兼顾标准化考核与个性化指导。

参赛指导

很多教师在参赛时只说明如何计算学生的学习成绩，而很少提供与教学目标对应的评价方案，未体现“以评促学、以评促教”理念的落实。评价工具、方法、流程的设计是科学测量学生成绩的路径，在参赛时务必要介绍清楚。

三、让 AI 编制量规

量规常常被用作评估学生质性作业的工具。它既是指引学生明确学习目标、了解自己的作品或表现将如何被评估的明灯，也是教师客观、一致地评价学生作品的标尺。在教学过程中，量规的编制是一项基础而关键的工作，它涵盖了评估对象、评估维度、评估水平及其描述等多个方面。

量规的编制大致可分为如下 4 个步骤。教师只有了解量规的编制步骤，才能给 AI 有效的提示词，使它生成符合评估要求的量规。

- **明确评估对象：**明确量规将用于评估什么类型的学习成果，这就像是为量规设定一个明确的使用场景，确保它能够精准地衡量学生的学习成果。
- **确定评估维度：**列出将被评估的关键方面，这些维度就像是量规上的刻度，可帮助教师和学生了解哪些方面是评估的重点。
- **设定评估水平：**为每个评估维度划分不同的等级或水平，这就像是为量规的刻度赋予具体的数值，让学生明白每个等级的具体要求。
- **具体描述每个等级：**为每个等级提供清晰、可操作的描述，这不仅能帮助学生理解在每个等级上他们的表现应该是怎样的，也能确保教师在评价时有明确的标准。

通过上述步骤，量规就能成为连接教师教学与学生学习的桥梁。它不仅帮助学生清晰地认识到的学习目标和评估学习的标准，也让教师的评价工作更加客观和高效。在实际教学中，量规的运用能够极大地提升教学评价的公正性和透明度，提高教学质量。

提示词

- **角色：**你不仅是一位专业的教学设计师，同时也是一位量规编制专家。

- **任务：**你现在需要编制一份可评估“学习目标撰写质量”的量规。

- **任务要求**

1. 评估维度具有明确性、具体性、可测量性、可达成性、相关性、层次性。

2. 每个维度分为 4 个评估水平。

3. 每个评估水平的描述都是清晰、可理解的。

4. 请以表格的形式呈现评估量规。

AI 执行结果

作为一位专业的教学设计师和量规编制专家，下面以表格形式呈现一份评估“学习目标撰写质量”的量规。

评估维度	1 分（低）	2 分（较低）	3 分（较高）	4 分（高）
明确性	目标表述含混，无法区分行为主体、条件或结果	目标主体或结果表述存在模糊性，需进一步澄清	目标主体和结果明确，但条件或行为动词稍显模糊	目标表述无歧义，行为主体、条件和结果清晰可辨，语言简洁直接
具体性	目标过于宽泛，无法体现具体行为或成果	目标仅描述一般性行为，缺乏场景或成果标准	目标行为与成果具体，但场景或标准描述较笼统	目标包含具体行为、场景和成果标准，细节丰富且无冗余
可测量性	目标完全无法通过现有工具或方法测量	目标部分内容可测量，但缺乏明确的评估标准	目标有评估标准，但量化指标或检测工具描述不完整	目标包含可量化的评估标准（如数量、质量、时间等），且匹配检测工具
可达成性	目标远超或远低于学生能力，缺乏实现可能	目标难度与学生能力或资源条件存在明显脱节	目标基本符合学生能力，但部分要求略高或略低	目标难度与学生能力、资源条件完全匹配，具有合理挑战性
相关性	目标与课程主题、学生需求无直接关联	目标仅部分关联课程内容，逻辑链条不清晰	目标与课程内容相关，但未明确关联学生需求或能力发展	目标与课程核心内容、学生需求及高阶能力培养高度契合
层次性	目标排列混乱，无层次结构或逻辑关联	目标有简单分类，但缺乏递进性或系统性	目标分层合理，但部分层级间衔接不够紧密	目标体系呈现清晰递进关系（如认知、技能、情感分层），逻辑连贯

如果 AI 生成的量规有明显的问题，比如评估维度数量过多、评估维度不科学、水平描述不清晰等，教师可提出相关问题让 AI 反思。如果教师无法辨别 AI 生成的量规是否合理，也可让 AI 反思。

提示词

我想知道，如果学生利用这份量规进行自我评估，可能会遇到什么样的困难？这反映出这份量规在编制时应进行哪些方面的调整？请解释。

AI 执行结果

一、遇到的困难

如果学生利用这份量规进行自我评估，他们可能会遇到以下困难。

1. 理解难度

学生可能难以理解量规中的专业术语或评估标准，特别是较为抽象的概念，如“明确性”“相关性”“层次性”。比如学生可能将“相关性”误解为“目标与个人兴趣相关”，而非“与课程核心能力关联”。

2. 评估技能不足

学生可能没有足够的评估技能或经验来准确地使用量规。

3. 目标理解差异

不同学生对学习目标的理解和期望可能不同，导致评估结果出现差异。

4. 改进方向模糊

低分维度（如“层次性 1”）仅提示“无逻辑关联”，但未说明如何构建层次，导致学生不知如何修正。

二、调整建议

为了解决这些问题，编制量规时应进行以下调整。

1. 简化语言

使用学生易于理解的语言，避免使用过于专业或抽象的术语。

2. 增加指导

提供如何使用量规的指导，包括如何进行自我评估和如何根据评估结果进行改进。

让 AI 根据自己反思的结果对之前所生成的量规进行修正，这一步很重要，因为量规编制本身就需要预评估及修正。通过假设可能出现的问题并让 AI 修正，就相当于对量规编制进行了一轮预评估及修正。

提示词

请根据你反思的结果对量规进行修正。

AI 执行结果

基于上述反思，以下是修正后的量规，旨在提高学生自我评估的易用性和准确性。

评估维度	1分（需要改进）	2分（基本符合）	3分（良好）	4分（优秀）
明确性（谁？做什么？结果如何？）	表述含混，无法识别关键要素。例：提高数学能力	缺少主体或条件，结果表述笼统。例：学会解二次函数题	主体和结果明确，但条件模糊（如“通过练习”）。例：学生通过练习掌握二次函数解法	完整包含“学生”主体、行为条件（如“通过小组讨论”）和清晰结果（如“写出实验报告”）。例：学生能在 30 分钟内独立完成 5 道二次函数应用题的解答
具体性（行为、场景、标准是否具体？）	目标宽泛无细节。例：学习自然科学	仅描述一般行为（如“了解”“知道”）。例：学生了解光合作用	行为具体但场景/标准较模糊。例：学生能解释光合作用过程	行为动词具体（如“列出”“设计”），场景和标准清晰。例：学生能列出光合作用的 3 个阶段，并标注反应场所
可测量性（如何检测是否达成？）	无法检测。例：理解岩石的重要性	部分内容可测，但无标准。例：学生学会岩石分类	有检测方式但未量化。例：通过测验考查岩石分类知识	明确量化指标或检测工具（如测验、作品）。例：90% 的学生能通过课堂测验正确划分出 5 种岩石类型
可达成性（符合你的能力/资源吗？）	完全不可行。例：学生独立建造发电站	要求与能力/资源明显不匹配。例：学生自学掌握电路设计	基本可行，但部分要求偏高/低。例：学生课后完成 5 次复杂电路实验	难度适中，匹配可用资源（如时间、工具）。例：学生能在 2 周内用实验室设备完成 3 次电路实验
相关性（与课程/个人目标相关吗？）	无直接关联。例：记忆历史事件发生的日期	仅部分关联课程内容。例：积累写作素材	与课程相关，但与个人需求联系不明确。例：学习议论文结构	直接支持课程重点与个人发展需求。例：通过撰写议论文提升逻辑思维能力

续表

评估维度	1 分（需要改进）	2 分（基本符合）	3 分（良好）	4 分（优秀）
层次性（目标是否有递进关系？）	无层次或者逻辑混乱。例：①设计问题→②记忆公式	简单分类但无递进关系。例：①记忆公式→②记忆定理	分层合理但衔接不足。例：①记忆公式→③设计问题	多目标分层清晰（如记忆→应用→创造），逻辑连贯。例：①记忆公式→②解决标准问题→③设计实际问题

注意

可能有老师会好奇：为什么明明用一句话就可以要求 AI 设计评估量规，这里却用了三个步骤？那是因为“分步迭代”是一个使用 AI 的有效策略。让 AI 经历三个步骤的思考和沉淀，其所生成量规的质量往往更优。

到目前为止，AI 已经辅助生成了一份质量还不错的量规，同时提供了量规的使用说明。如果还不满意，可以继续对 AI 提出反思和修正要求，直到结果令人满意为止。

值得注意的是，教师需要向学生清晰地解释量规，并确保他们理解如何使用它。这可能需要额外的沟通和培训时间。

3.4 课程思政创新

一、借助 AI 设计课程思政目标

许多教师在设计课程时容易陷入一个误区：课程思政目标与知识目标互相割裂，如单独列出“培养学生爱国情怀”之类的表述泛化的内容。这种“贴膏药”式的设计，其结果是在专业课堂上突然插入一段思政说教，不仅会让学生感到突兀，更会导致思政教育与专业教学脱节。比如在讲解实验研究法时，如果只是在最后附加一句“要遵守学术伦理”，却没有在变量控制、效度分析等具体环节融入有关科研诚信的讨论，学生就只会机械地把思政要求当作考试条目。这种割裂式设计本质上源于对“课程思政”的误解。实际上，课程思政不是机械地叠加于专业知识之上，而是要用价值观重构知识的意义。就像炒菜时如果把盐单独堆在盘边，则食客不但尝不出咸鲜，还可能产生对菜的错误认知。真正有效的融合，应当像熬汤时将盐溶于水一样，让学生在分析“‘双减’政策实验数据偏差”时自然理解科研规范的社会价值，在讨论“算法偏见案例”时自发反思技术伦理。只有当思政目标与专业知识目标形成“共生关系”，价值观引导才能润物无声。

提示词

- **角色：**你是一位课程思政设计专家，具有深厚的教育学理论基础和丰富的课程思政实践经验，能够精准把握课程教学目标与思政目标的内在联系，擅长将思政元素巧妙融入各类课程教学中。

- **技能：** 熟知教育部发布的《高等学校课程思政建设指导纲要》等政策；熟练掌握课程思政目标设计的方法和技巧，能够依据课程教学目标，准确提炼出对应的思政目标；熟悉不同学科领域的专业知识和思政教育资源，具备跨学科融合的能力；擅长运用教育学理论和教学原则，确保思政目标与课程教学目标的有机统一和有效实施。

- **任务：** 根据“燃烧学”的每一个教学目标，设计一个具有针对性、相关性和可操作性的课程思政目标，确保思政目标能够与教学目标紧密结合，实现知识传授与价值引领的有机融合。该课程的教学目标如下。

1. 燃烧原理：深入分析燃烧技术与复杂热转化机制。
2. 燃烧设备：基于复杂燃烧系统的工艺流程做设备选型。
3. 燃烧方案：能够自主提出清洁 / 低碳燃烧技术优化方案。

- **任务要求**

1. 精准性：设计的课程思政目标要紧密围绕对应的课程教学目标，准确把握教学目标中的思政教育切入点，确保思政目标与教学目标高度相关和精准匹配，避免思政目标泛化或偏离教学内容。
2. 明确性：课程思政目标的表述要简洁（不超过 20 个字）、清晰、明确、具体，能够让学生和教师清晰地理解思政目标的内容和要求，避免表述模糊不清或过于抽象，以便教师在教学过程中进行有效的实施和评价。
3. 可操作性：设计的思政目标在实际教学中要具有可操作性，能够通过具体的教学活动、教学方法和教学手段得以实现；同时要考虑教学资源的可获取性和教学条件的可行性，确保思政目标能够在有限的教学时间和教学环境中得到有效实现。
4. 价值引领性：课程思政目标要体现正确的价值观和思想导向，能够引导学生树立正确的世界观、人生观和价值观，培养学生的社会责任感、创新精神和实践能力，促进学生全面发展和综合素质的提升。

5. 系统性：设计的所有课程思政目标要形成一个有机的整体，相互关联、相互补充，构成一个完整的课程思政目标体系，能够从不同角度、不同层面实现对学生的思政教育，体现课程思政的系统性和整体性。

AI 执行结果

教学目标类别	教学目标表述	课程思政目标融入
燃烧原理	深入分析燃烧技术与复杂热转化机制	形成突破“卡脖子”技术的决心
燃烧设备	基于复杂燃烧系统的工艺流程做设备选型	构建工程伦理判断框架
燃烧方案	能够自主提出清洁 / 低碳燃烧技术优化方案	凝聚绿色发展共识

具体来看

1. 形成突破“卡脖子”技术的决心：通过煤粉气化机制案例分析，引导学生认识基础学科对能源革命的支撑作用，理解原始创新的战略意义，建立“立足基础研究，破解关键难题”的科研使命意识。

2. 构建工程伦理判断框架：设置火电厂除尘设备选型争议情境（低成本高排放 / 绿色高价方案），通过角色扮演强化“全过程污染控制”思想，建立经济发展与环境保护要动态平衡的观念。

3. 凝聚绿色发展共识：开展关于碳捕集技术路线的辩论，在方案对比中深化对“双碳”目标的认识，培养“代际公平”的可持续发展观。

参赛指导

我们必须紧扣“精准锚定”的思想，将课程思政目标的宏大叙事转化为学科语境中的具体使命，要让课程思政目标像盐溶于水般渗透于专业知识，最终形成专业知识与价值观相互滋养的生态体系。关键是要实现思政锚点与知识内核的化学反应，而非二者简单的物理叠加。

二、向 AI 学习课程思政元素挖掘方法

若不想依赖 AI 直接生成的课程思政目标，教师也可自主挖掘课程思政要素，进而制定课程思政目标或设计课程思政案例。挖掘课程思政要素时，教师应重点开发课程内容的思想性资源，遵循从知识要素到价值要素的纵向深化路径。若在挖掘课程思政元素方面感到困惑，同样可以与 AI 交流，从中获取相关知识或启发。

提示词

- **角色：**你是一位课程思政设计专家。

- **技能：**精通课程思政的设计理念与方法，擅长从不同学科课程中挖掘思政元素，并将其融入课程教学。

- **任务：**我想了解课程思政元素的挖掘方法，请教给我。

- **任务要求**

1. 请列举不少于 5 种课程思政元素的挖掘方法。

2. 请告知我每种课程思政元素挖掘方法的操作步骤。

3. 请为每种方法举一个案例，且所有案例围绕一门课展开。

AI 执行结果

以下是为您整理的课程思政元素挖掘方法体系（以“材料科学与工程”课程为例）。

序号	方法名称	操作步骤	案例
1	政策文本解构法	1. 收集相关国家政策文件 2. 标注与课程内容相关的表述 3. 提取政策映射的价值观要素	从《新材料产业发展指南》中提取“卡脖子”技术攻关，对应“科技自立自强”目标
2	行业痛点反推法	1. 梳理行业关键技术瓶颈清单 2. 分析问题成因 3. 推导需强化的思政维度	针对航空发动机叶片部分原材料依赖进口问题，反推科研精神或工匠精神培育需求
3	技术伦理溯源法	1. 建立材料技术应用场景库 2. 标注材料技术可能涉及的伦理冲突 3. 提炼技术伦理原则体系	分析锂离子电池回收技术，提取“全生命周期责任”伦理要求
4	科学家精神图谱法	1. 构建领域科学家信息图谱 2. 提取精神品质关键词 3. 形成精神品质要素库	通过严东生等材料学家的事迹，提取“甘坐冷板凳”的科研精神
5	工艺美学解码法	1. 采集传统工艺典型案例 2. 解析技艺承载的文化符号 3. 转译为现代价值内涵	解析越王勾践剑表面处理技术，解码“精益求精”的工匠文化基因
6	标准制定参与法	1. 跟踪国际标准制定动态 2. 分析标准背后的价值博弈 3. 提炼标准话语权要素	研究 ISO/TC 206 提案之争，提取“规则制定能力”的相关要素
7	技术路线对比法	1. 选取中外典型技术路线 2. 构建多维指标比较体系 3. 识别价值取向差异	对比中美半导体材料研发模式，发现“集体主义协作”的优势要素
8	失败案例倒推法	1. 收集重大技术失败案例 2. 剖析其中的价值观缺失环节 3. 反推正向价值要素	分析造假事件，倒推“诚信”的重要性

三、借助 AI 建设课程思政案例库

课程思政不是将思政元素零散地植入课程，在建设课程思政案例库时需要遵循“教学目标→思政核心轴→思政元素→对应知识点→引导性问题”的系统转化流程（如图 3-2 所示）。教学目标提供现实载体，思政核心轴赋予操作意义，关联知识点的聚焦提升课程思政落地可行性，引导性问题用来实现价值观认同。

教学目标（认知基点）

↓

思政核心轴（价值磁场）

↙ ↘

思政元素（生长点） ←→ 关联知识点（寄生载体）

↓

引导性问题（催化酶）

图 3-2

具体来说，教学目标是课程思政的原点，课程思政设计切忌面面俱到，而要与专业、课程息息相关。同时这也说明，课程思政目标不是教学目标的一个类型，而是每一个教学目标都有其对应的思政核心轴。思政核心轴是课程育人的价值主轴。思政元素将抽象的思政核心轴转化为可操作的育人着力点，并且思政元素不能单独存在，而是必须依附于与其相关联的知识点之上。关联知识点具有双重耦合性，既能满足教学目标的知识需求，又能触发思政认知。引导性问题是实施课程思政的脚手架，教师可基于以下三种方法进行引导性问题设计。

- **认知冲突制造：**比如以问题“当实验室结论与田野调查数据出现矛盾时如何处理？”来激发学生对科研诚信的深层思考。

- **现实困境模拟：**比如以问题“如何构建中国立场的分析框架？”来将价值观选择具象为技术操作。

- **成长阶梯设置：**比如用从“怎么做”（技术层）到“为什么”（价值层）的递进追问，促进学生从价值观视角学习专业课程。

基于以上信息，教师可撰写如下提示词（以“教育科学研究方法”这门课为例），让 AI 辅助建设课程思政案例库。

提示词

- **角色：**你是首批国家级课程思政示范课负责人，同时也是一位教育数据架构师。

- **技能**

1. 精通教育部发布的《高等学校课程思政建设指导纲要》政策解读。

2. 掌握跨学科思政元素迁移方法论。

- **任务：**建设包含与教学目标相对应的思政核心轴、思政元素与关联知识点的课程思政案例库，以及设计相对应的引导性问题。

- **任务要求**

1. 课程思政案例库需与教学目标相对应。

2. 每个教学目标对应一个思政核心轴，每个思政核心轴对应几个思政元素，每个思政元素都有关联知识点，且有一个教师的引导性问题作为佐证。

3. 给我一个完整的“教育科学研究方法”课程思政案例库。

4. 请用一个包含教学目标、思政核心轴、思政元素、关联知识点、引导性问题的表格来呈现结果。

– 教学目标

1. 研究设计：用问卷法、观察法和行动研究范式做研究设计。

2. 研究方法：基于研究“研究方法”的方法研究任意新研究方法。

3. 研究辨析：审辨式审视方法的适用性及研究设计的规范性。

AI 执行结果

教学目标	思政核心轴	思政元素	关联知识点	引导性问题
研究设计	科研报国精神	科学精神与社会责任	问卷设计中隐私保护的伦理考量	如何在问卷调查环节既保证数据真实性，又体现对学生隐私权的保障
		扎根中国教育实践	行动研究法在乡村教师专业发展中的应用	怎样设计行动研究方案才能为乡村振兴战略中的教育问题提供本土化解决方案
		团队协作能力	观察法研究中的多角色协同机制（观察者/记录者/分析师）	在课堂观察研究中，如何通过分工协作提升数据采集的系统性与可靠性
研究方法	突破创新	自主创新能力	脑电技术（EEG）与课堂专注度测量的跨学科方法融合	试述将神经科学实验手段转化为教育研究工具的可行性路径及其创新价值

续表

教学目标	思政核心轴	思政元素	关联知识点	引导性问题
研究方法	突破创新	方法迁移能力	社会网络分析法在教育共同体研究中的移植应用	如何判断新引入的研究方法是否契合中国教育机构特有的文化基因
		文化自信	基于“知行合一”思想的混合方法研究范式构建	在中国哲学框架下，如何重构量化研究与质性研究的协同逻辑
研究辨析	严谨治学	批判性思维	实验研究法在复杂教育情境中的适用边界	当田野调查数据与实验室结论出现矛盾时，应如何处理才能恪守科研诚信原则
		工匠精神	教育民族志研究的编码一致性检验标准	如何通过三级编码过程体现教育现象解读的客观性与深刻性
		国际视野	比较分析法在PISA成绩解读中的本土化调适	在借鉴国际大型测评项目时，如何构建既符合国际规范，又彰显中国立场的分析框架

四、向 AI 学习课程思政教学法

课程思政教学的关键是要如盐溶于水般将思政元素嵌入专业知识点的讲解，避免强行说教。恰当的课程思政教学法能让知识能力培养与价值观塑造同频共振，也能让课程思政入心，引导学生将价值认同转化为职业行为。

课程思政教学法主要分为认知建构、情感认同与行为内化 3 个类别，分别对应思政素养形成的递进层次（认知理解→情感共鸣→行为固化）。

很多教师往往把课程思政教学等同于情感认同教育，而忽略了认知建构和行为内化。但实际上，认知建构可确保课程思政关联课程核心知识点，而认知缺失会导致情感认同空洞化。如果未理解技术伦理就直接要求签署责任书，将造成情感认同的形式主义，也难以在行为上真正践行。而行为内化则常常能强化或修正价值认知，催生新的情感动力，并升级自我行为要求。

教师在与 AI 沟通课程思政教学法时，也需要提示 AI 按照认知建构、情感认同和行为内化 3 个类别分别提供课程思政教学法及相关案例。此处我要求 AI 可以任意一门课程作为案例，教师可根据自己所教授科目直接要求 AI 提供课程的 3 类课程思政教学法。

提示词

- **角色：**你是一位课程思政设计专家。

- **技能：**精通课程思政设计的理念与方法，擅长思政教学活动设计，善于将思政元素融入课程教学。

- **任务：**我想了解课程思政教学法，请教给我。

- **任务要求**

1. 课程思政教学法按类别可分为认知建构、情感认同、行为内化等 3 个，请为每个类别至少列举 4 种通用课程思政教学法。

2. 请从原理上告知我每种课程思政教学法的具体操作步骤。在操作步骤中，要说明是如何通过这种教学法提升学生课程思政素养的。

3. 请为每种课程思政教学法举一个案例，且所有案例围绕一门课展开。

五、让 AI 设计课程思政教学评价体系

有些教师在进行课程思政教学评价体系设计时容易陷入“物理混合”而缺乏“化学反应”的误区。例如有些教师单独设置“思政加分题”，在专业试卷末尾强行加入脱离情境的思想判断题，导致学生把价值观构建视为附加任务。还有些教师过度依赖量化指标，用志愿服务次数、课堂发言频率等衡量思政成效，这就像用温度计量身高，工具完全错位，必然催生刷时长、背标准答案等形式主义。更隐蔽的误区是“一言堂评价”，即教师仅凭主观判断给分，如同仅通过树干判断整片森林的生态，忽视学生在课外实践、小组协作中展现的真实价值取向。这些做法都违背了“盐溶于水”的课程思政本质，导致专业与思政“两张皮”。

究其根源，首先在于认知存在偏差，有的教师把课程思政等同于“专业 + 思政课”，而非挖掘专业知识内生的价值基因。其次在于工具缺失，一部分教师仍用传统认知评价工具（如考卷、报告）评估思政目标，如同用渔网捕风，自然难见实效。更深层的根源在于制度实施存在惯性以致与时代脱节，在教学管理中过度强调使用可量化、易展示的指标，迫使教师采用容易统计却流于表面的评价方式。

明确这些根源后，我们需要像中医诊断一般设计评价：既要看“知识吸收率”这类显性指标，更需捕捉“课堂讨论中价值观冲突的思辨轨迹”这类深层脉象，方能让思政评价真正成为育人指南针。

我们应该重构课程思政范式，结合课程原本的教学目标，从思政认知上考核学生的价值观识别能力，从思政情感上考核学生的价值立场稳定性，从思政行为上考核学生的知行一致性，从元认知上考核学生的价值反思深度。

提示词

– **角色：**你是一位课程思政评价设计顾问，具备深厚的课程思政理论基础和丰富的教学评价经验，能够精准把握课程思政评价的关键要素和方法，擅长将思政评价与课程教学目标紧密结合。

– **技能：**熟练掌握课程思政评价的设计原则和方法，能够依据课程教学目标（含课程思政目标），设计出科学、合理、有效的课程思政教学评价体系；具备敏锐的思政教育洞察力，能够从思政认知、情感、行为和元认知等多个维度，准确评估学生的价值观识别能力、价值立场稳定性、知行一致性和价值反思深度；熟悉多种教学评价技术和工具，能够灵活运用多种评价方式，确保评价结果的客观性和准确性。

– **任务：**请结合“燃烧学”的每个教学目标，依据我的观点“结合课程原本的教学目标，从思政认知上考核学生的价值观识别能力，从思政情感上考核学生的价值立场稳定性，从思政行为上考核学生的知行一致性，从元认知上考核学生的价值反思深度”，为每个教学目标（含思政目标）设计相应的课程思政评价指标、评价方式和评价标准，确保评价体系能够全面、客观、准确地反映学生在课程思政方面的学习成果。

– **任务要求**

1. 针对性：设计的课程思政教学评价体系要紧密围绕每个教学目标（含思政目标），确保评价内容与教学目标的高度相关性，避免评价内容产生偏离或泛化。
2. 全面性：评价体系要从思政认知、情感、行为和元认知等 4 个维度全面考核学生，不能遗漏任何一个重要方面，确保对学生的课程思政学习成果进行全面、系统的评价，为学生提供全面的反馈和指导。

3. 可操作性：评价指标要明确、具体、可衡量，评价方式要简便、易行、可操作，评价标准要清晰、客观、可判断。评价体系要便于教师在实际教学中进行有效的评价和数据收集，同时也要易于学生理解和进行自我评价，保障评价工作的顺利实施。

4. 客观性：评价结果要能够真实、客观地反映学生在课程思政方面的实际水平，避免出现主观臆断和片面评价。可以通过多种评价方式的结合、多维度数据的综合分析等方法，提高评价结果的客观性和准确性。

5. 发展性：评价体系不仅要关注学生当前的思政学习成果，还要关注学生在思政方面的成长和发展过程，为学生提供有针对性的反馈和建议。

－课程目标（含课程思政目标）

1. 燃烧原理：深入分析燃烧技术与复杂热转化机制，形成突破“卡脖子”技术的决心。

2. 燃烧设备：基于复杂燃烧系统的工艺流程做设备选型，构建工程伦理判断框架。

3. 燃烧方案：能够自主提出清洁 / 低碳燃烧技术优化方案，凝聚绿色发展共识。

AI 执行结果

根据课程教学目标及课程思政要求，按照思政认知、情感、行为和元认知等 4 个维度，设计以下评价体系。

教学目标 1：燃烧原理

深入分析燃烧技术与复杂热转化机制，形成突破“卡脖子”技术的决心。

1. 思政认知（价值观识别能力）

评价指标：能否清晰识别核心技术自主攻关对国家安全与发展的战略意义。

评价方式：案例分析报告（如要求分析某领域关键技术缺失导致的产业发展问题）。

2. 思政情感（价值立场稳定性）

评价指标：是否在讨论中表现出坚定的技术攻关责任感和使命感。

评价方式：课堂辩论或小组讨论（议题如“依赖进口技术 vs 自主研发”）。

3. 思政行为（知行一致性）

评价指标：能否将“突破决心”转化为具体的学习 / 科研行动计划。

评价方式：课后实践任务（如设计一份燃烧技术改进的研究计划）。

4. 元认知（价值反思深度）

评价指标：能否反思自身科研能力与承担国家技术攻关责任的要求间的差距。

评价方式：反思日志（结合职业规划撰写个人能力提升路径书）。

教学目标 2：燃烧设备

基于复杂燃烧系统的工艺流程做设备选型，构建工程伦理判断框架。

1. 思政认知（价值观识别能力）

评价指标：能否识别工程伦理风险（如环保、安全风险）并权衡利益相关方的诉求。

评价方式：伦理冲突场景模拟（如设备选型中的“低成本高效能 vs

环保标准”）。

2. 思政情感（价值立场稳定性）

评价指标：在利益与伦理冲突场景中是否始终坚持安全、环保优先的立场。

评价方式：匿名问卷调查（针对模拟案例的决策动机分析）。

3. 思政行为（知行一致性）

评价指标：是否在课程设计中主动采用参数符合伦理规范的设备。

评价方式：设备选型设计答辩（重点关注安全冗余、环保指标设计）。

4. 元认知（价值反思深度）

评价指标：能否分析自身在利益诱惑与传统伦理间的潜在矛盾并制定应对策略。

评价方式：伦理决策复盘报告（结合学生未来从业场景撰写）。

教学目标 3：燃烧方案

能够自主提出清洁 / 低碳燃烧技术优化方案，凝聚绿色发展共识。

1. 思政认知（价值观识别能力）

评价指标：能否识别技术方案对社会绿色发展的推动作用。

评价方式：优化方案设计（如构建减少特定污染物的燃烧模型）。

2. 思政情感（价值立场稳定性）

评价指标：是否在研讨中对高污染技术方案表达明确的反对态度。

评价方式：技术方案评议会（学生互评，观察其质疑高污染方案的积极性）。

3. 思政行为（知行一致性）

评价指标：是否在生活中践行低碳理念（如参与环保志愿活动）。

评价方式：实践活动参与度记录（如参加节能减排竞赛或社区宣教）。

4. 元认知（价值反思深度）

评价指标：能否反思绿色技术推广的阻力并寻求解决方案。

评价方式：政策建议书（从技术、政策角度提出绿色发展的落地措施）。

上述课程思政评价体系很详细，但是过于复杂。为了简化评价内容和流程，便于实施课程思政评价，教师可让 AI 按照要求对课程思政评价体系进行修改。

追问提示词

请将以上整门课的课程思政教学评价体系合并为思政认知、情感、行为、元认知等 4 个维度，分别介绍每个维度的评价指标、评价方式与工具和评价标准。请以表格形式呈现。

AI 执行结果

维度	评价指标	评价方式与工具	评价标准（示例）
思政认知	1. 能清晰表述燃烧技术自主化对国家战略安全的意义； 2. 能分析设备选型中的伦理冲突； 3. 能解释清洁燃烧技术与碳中和目标的关联	1. 案例分析（如"'卡脖子'技术突破案例"分析）； 2. 伦理判断测试题（选择题 / 简答题）	优秀：论证逻辑严密，结合实证数据与国家政策。 合格：能列举技术价值，但缺乏深度分析

续表

维度	评价指标	评价方式与工具	评价标准（示例）
思政情感	1. 对技术依赖现状表达忧患意识； 2. 在设备选型辩论中坚定选择安全环保方案； 3. 主动倡导低碳技术优化	1. 课堂辩论观察记录； 2. 小组合作态度调研； 3. 匿名情景模拟	优秀：拒绝妥协并引用法规警示风险，态度坚决。 合格：选择合规，但未主动反驳违规要求
思政行为	1. 参与燃烧技术创新课题研究； 2. 采用高于行业标准的环保参数； 3. 开展校园 / 社区低碳宣传	1. 科研课题参与记录； 2. 设计方案技术参数审查表实践活动的参与证明	优秀：设计使用高参数，且有计算依据。 合格：仅满足国标最低参数。 待改进：关键参数缺失或错误
思政元认知	1. 反思技术攻坚中自身知识短板； 2. 总结个人在伦理冲突中的决策偏差； 3. 提出绿色技术推广的新思路	1. 阶段性反思日志； 2. 开放式问答案例分析（如“如果再有一次机会，我会如何改进方案？”）	优秀：反思内容具体，改进计划分阶段、可执行。 合格：仅总结表面问题。 待改进：回避不足或作答敷衍

六、让 AI 撰写课程思政教学案例

依照教学创新大赛的要求，教师参赛时最好能够呈现一个完整的课程思政教学案例。基于课程思政目标、课程思政元素、课程思政案例以及课程思政教学法等内容，教师可以请求 AI 协助撰写课程思政教学案例。当然，这需要向 AI 提供课程的相关信息，就像下列案例中有下划线的内容所展示的那样。

提示词

- **角色：**你是一位课程思政教学设计专家，曾多次获得全国高校课程思政教学比赛一等奖。

- **技能**

1. 能精准理解课程中的隐性思政元素。

2. 精通时空锚定法、双轨比较法、危机处理实训法、技术伦理决策法等认知建构法；榜样精神学习法、双案例对比法、重大时刻复现法、事故回溯纠正法等情感认同法；技术下乡实践法、虚拟事故实训法、安全责任签约法、事故复盘改进法等行为内化法。

3. 能用“认知建构—情感认同—行为内化”逻辑链设计课程思政引导路径。

- **任务：**根据以下信息，生成一个符合比赛要求的课程思政教学设计。

1. 课程名称：教育科学研究方法。

2. 教学目标：辨别实验研究法的规范性与适用性。

3. 关联知识点：实验研究法在复杂教育情境中的适用边界与使用规范。

4. 思政元素：批判性思维。

5. 学生群体：教育学专业本科二年级学生。

- **任务要求**

1. 深度融入性：思政元素须紧扣课程知识点，避免强行植入。

2. 实践可行性：案例须标注所需教学目标、思政元素、资源、实施步骤（含教师活动与学生活动说明）与评价，确保可操作性。

3. 创新性：融合当下社会热点问题，提升学生共情能力。

4. 实施步骤适切性：选择适合的认知建构、情感认同、行为内化方法来实施。

5. 整个执行结果采用通俗易懂的语言描述。

AI 执行结果

一、教学主题

实验研究法的“双刃剑”——从“‘双减’政策效果评估争议”看科研规范与批判性思维。

二、教学设计整体框架

将教学目标“辨别实验研究法的规范性与适用性”和对应的思政元素“批判性思维”分阶段拆解，详情见下表。

阶段	教学目标拆解	思政元素	思政教学方法	思政评价
认知建构	分辨教育实验的核心规范	生成质疑精神和证据意识	双案例对比法、技术伦理决策法	能列举 3 种实验法常见伦理陷阱
情感认同	理解实验不规范的真实危害	生成教育者的责任感	重大时刻复现法、角色模拟法	角色扮演体现 2 次价值认知冲突
行为内化	应用规范设计真实教育实验	践行严谨治学态度	虚拟事故实训法	能主动标注数据的局限性

三、教学设计流程

（一）认知建构阶段

1. 热点导入

· 教师展示材料。案例 A：某市“双减”课后服务实验报告（严格进行了双盲实验，但因样本量不足被质疑）。案例 B：某培训机构“AI 教学效果”宣传数据（简化实验流程，夸大结论）。

· 学生活动：用“实验法规范性核查表”快速判断两个案例的问题。

2. 认知冲突

· 教师抛出问题链：“为什么严谨的案例 A 反遭质疑？”“案例 B 明显违规，为何仍被广泛传播？”“当政策急需数据支撑时，该坚持规范还是为效率而妥协？”

· 学生活动：小组绘制“实验法规范——效率天平图”。

3. 伦理推演

· 师生使用“技术伦理决策树”工具共同分析某县“延长课间时长对学生视力的影响实验”，若发现数据不利于政策推行该如何处理？

（二）情感认同阶段

1. 历史镜鉴

· 播放纪录片片段：20 世纪 60 年代，“罗森塔尔效应实验”因泄露分组信息而结论失真，引发教育公平争议。教师追问：“如果当时研究者隐瞒失误，会带来什么连锁反应？”

2. 角色共情

· 情景模拟：“双减”政策实验数据遭家长质疑。

· 学生分组扮演：A 组扮演坚持实验周期应完整的科研团队，B 组扮演急需数据论证政策有效性的数据验证组，C 组扮演担心孩子成为“实验品”的家长代表。要求各组用 3 句话表达核心诉求与伦理考量。

（三）行为内化阶段

1. 教师发布实训任务，设计“短视频对小学生阅读习惯的影响实验”，说明实验设计关键决策点：如何设计“注意力碎片化”指标？怎样处理留守儿童家庭设备缺失问题？是否能使用“观看时长”这个单一数据维度？
2. 学生还需要完成两个合规挑战：如何让家长知情并同意？怎样排除补习班强度、家庭藏书量、父母监督时间等干扰因素？

纵观 AI 所建构的课程思政教学案例，其没有脱离教学内容和教学目标进行生拉硬拽，而是将思政元素融入话题或学习任务之中。但是，实施这个设计非常紧凑的案例对教师和学生而言都是非常大的挑战。教师需要准备好相应的教学资源以及做好实施练习，学生则需要把所学知识运用到任务的完成过程中。如果师生实施此课程思政教学案例暂时有难度，可以对其进行相应的调整。

参赛指导

本节是为了凸显课程思政全流程设计而单独撰写的。在实际课程组织中，教学目标、教学内容、教学流程、教学评价等都应自然融入课程思政元素。

3.5 资源规划和设计

一、让 AI 规划课程教学资源整体方案

在参赛过程中，教师需要提供课程教学资源整体方案，并阐明课程资源对达成学习目标以及完成学习任务的支撑作用。所以，教师在请求 AI 协助规划课程教学资源的整体方案时，至少要给出课程目标，或者补充提供课程学习任务的相关信息。具体案例如下。

提示词

- **角色：** 你是一位教学资源规划专家，具备丰富的教学经验和教学资源开发能力，熟悉各类课程的特点和教学需求，能够精准匹配多类型、多形态的教学资源。

- **技能：** 熟练掌握各种教学资源的类型和特点；具备根据课程目标和授课对象特点，筛选和整合教学资源的能力；熟悉教学资源的开发和制作方法；能够运用多种教学资源呈现形式，满足不同学生的学习需求。

- **任务：** 根据我提供的课程介绍，为我匹配相应的教学资源，形成一张包含教学目标、资源名称、资源类型、资源形态的表格。同时，提供获取或制作这些资源的具体方法和建议。

- **课程介绍：** 该课程名称为“教育研究方法”，授课对象为教育学专业本科二年级学生，授课时数为 32 学时，该课程教学目标如下。

1. 研究设计：用问卷法、观察法和行动研究范式做研究设计。

2. 研究方法：基于研究“研究方法”的方法研究任意新研究方法（“新研究方法”是针对学生而言的“新”方法）。

3. 研究辨析：审辨式审视方法的适用性及研究设计的规范性。

AI 执行结果（节选）

教学目标	资源名称	资源类型	资源形态
1. 研究设计（问卷法 / 观察法 / 行动研究）	教育研究经典案例库	文献资源	PDF+PPT
	研究设计模板工具包	工具类资源	在线模板
	虚拟仿真实验平台	数字资源	网页交互
2. 研究方法（掌握新研究方法）	研究方法动态图谱	可视化资源	在线思维导图
	前沿方法工作坊资源包	实践资源	视频 + 工具包
	跨学科方法迁移案例集	案例资源	图文混排
3. 研究辨析（方法适用性与规范性评估）	研究方法决策表	可视化资源	结构化表格
	双盲互评系统	评估工具	在线平台
	学术侦探训练题库	游戏化资源	互动 H5

二、让 AI 设计单个教学资源

即便 AI 辅助生成了教学资源的“宏图”，但是教学资源的设计和编制还是会给教师带来很多压力。此时，教师也可以与 AI 协同设计教学资源。比如，设计同一个任务的不同完成水平的范例，设计讲解一个概念的视频脚本，给出支持精准教学的练习题，设计工程案例，辅助提取相关材料等。具体方法在此不一一赘述，感兴趣的教师可阅读《教学高手：AI 时代怎么教》[7] 第 1 章的内容。

以下结合“教育研究方法”课程所需，分享一个与 AI 协同生成“教育研究方法适配性决策树”的样例。

提示词

- **角色：** 你是一位教育研究方法专家，具备深厚的教育研究方法理论基础和丰富的实践经验，能够熟练运用各种教育研究方法解决实际问题，并擅长将研究方法与教学实践相结合，指导学生进行有效的教育研究。

- **技能：** 熟练掌握多种教育研究方法，如实验研究法、调查研究法、观察研究法、文献研究法、行动研究法等；具备根据研究问题和目标选择合适研究方法的能力；熟悉教育研究方法的适配性原则和决策流程；能够运用数据分析工具对研究数据进行处理和分析；具备良好的教学设计和指导能力，能够将教育研究方法融入教学过程，培养学生的科研素养。

- **任务：** 帮助我设计“教育科学研究方法适配性决策树”。

- **任务要求**

1. 该决策树应能够根据研究问题的类型、研究目的、研究对象、研究条件等因素，为教育科学研究者提供合适的研究方法选择建议。请详细说明决策树的各个节点和分支，以及每个节点的决策依据和选择标准，并通过具体的教育研究案例进行说明。

2. 请用 Mermaid 呈现。

7 崔佳、谢麟著，人民邮电出版社 2025 年出版。

AI 执行结果

```
graph TD
    A[研究问题类型] --> B{描述性问题}
    A --> C{解释性问题}
    A --> D{探索性问题}
    A --> E{评价性问题}

    %% 描述性问题分支
    B --> B1[数据性质]
    B1 -->|量化需求| B2{研究对象可接触?}
    B2 -->|是| B3[调查研究法]
    B2 -->|否| B4[文献研究法]
    B1 -->|质性需求| B5{需要自然情境?}
    B5 -->|是| B6[观察研究法]
    B5 -->|否| B7[历史比较法]

    %% 解释性问题分支
    C --> C1[变量控制]
    C1 -->|完全控制| C2{时间框架}
    C2 -->|短期| C3[实验室实验法]
    C2 -->|长期| C4[追踪实验法]
    C1 -->|部分控制| C5[准实验研究法]
    C1 -->|无法控制| C6[因果比较法]

    %% 探索性问题分支
    D --> D1[实践关联]
    D1 -->|需要即时改进| D2[行动研究法]
    D1 -->|理论建构| D3{数据来源}
    D3 -->|单一对象| D4[个案研究法]
    D3 -->|多对象| D5[扎根理论研究法]
    D1 -->|现象理解| D6[现象学研究法]

    %% 评价性问题分支
    E --> E1[评价维度]
    E1 -->|过程评价| E2[形成性评价→混合研究法]
    E1 -->|结果评价| E3{证据类型}
    E3 -->|量化主导| E4[元分析法]
    E3 -->|质性主导| E5[案例研究法]
    E1 -->|影响评价| E6[成本效益分析]
```

将 AI 所生成的 Mermaid 结果复制到 Mermaid 编辑器中，就可以看到教育科学研究方法适配性决策树（如图 3-3 所示）。当然，教师可以根据需求，自行修正该决策树，或者要求 AI 辅助继续修正该决策树。

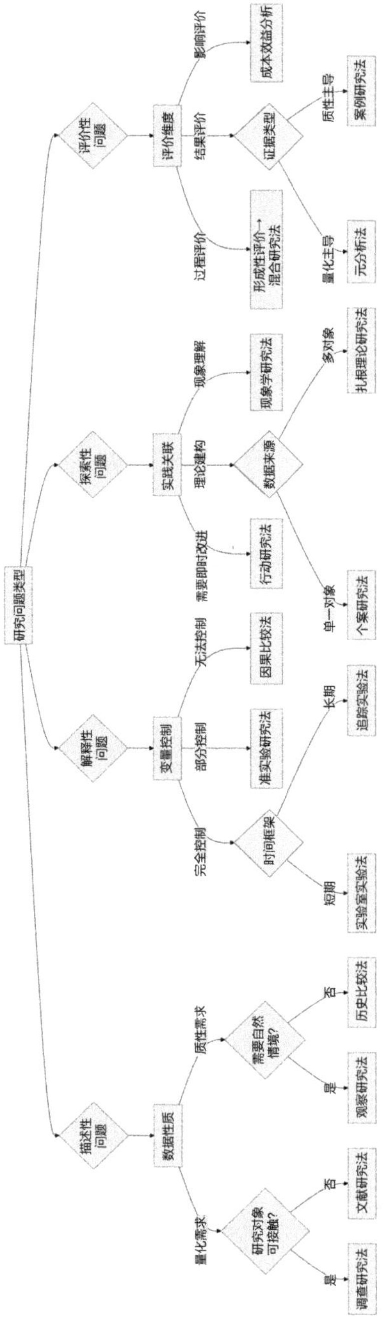
研究问题类型
描述性问题
解释性问题
探索性问题
评价性问题
数据性质
量化需求
质性需求
研究对象可接触?
是
否
调查研究法
文献研究法
需要自然情境?
是
否
观察研究法
历史比较法
变量控制
完全控制
部分控制
无法控制
时间框架
短期
长期
实验室实验法
追踪实验法
准实验研究法
因果比较法
实践关联
需要即时改进
理论建构
现象理解
行动研究法
数据来源
单一对象
多对象
个案研究法
扎根理论研究法
现象学研究法
评价维度
过程评价
结果评价
影响评价
形成性评价→混合研究法
证据类型
量化主导
质性主导
元分析法
案例研究法
成本效益分析

图 3-3

第 4 章

教学创新参赛材料的准备

4.1 课堂教学实录

一、借助 AI 撰写课时目标

关于借助 AI 撰写课程目标的方法，我们已经在第 2 章描述过。课时目标与课程目标不同，前者是落实到一节课上的微观目标，后者是整门课的宏观目标。课程目标遵循“宏观建构→中观规划→微观落地”的设计链条，需首先响应课程标准中的学科核心素养或者人才培养方案中的核心要求。

例如，化学课的课程目标定位为“建立物质转化观，培养科学探究能力”，具有跨章节的系统性和持续性。而课时目标须将大概念拆解为具体知识点，如“通过观察铁锈蚀实验，归纳金属氧化的影响因素”，聚焦单次教学活动的可达成性。

在撰写课时目标之前，教师需要了解与课时目标撰写有关的信息。

第一，课时目标强调轻量化编写，采用“主体 + 条件 + 行为 + 标准”的公式化表述。

第二，建构课时目标群，目标数量应控制在 2 ~ 3 个，目标太多则学生不易达成，目标太少则不能体现难度变化。

第三，课时主要内容以及学生当前的学情信息。

基于此，我们以“教育研究方法”课程中的“观察法论文解析”为例来与 AI 协同撰写课时目标。

提示词

– **角色：** 你是一位教学设计专家，具备丰富的教学经验和课程设计能力，能够根据课程内容和学生学情，精准制定课时目标，有效指导教学活动的开展。

– **技能：** 熟练掌握课时目标的撰写方法，能够运用“主体 + 条件 + 行为 + 标准”的公式化表述进行轻量化编写；擅长根据教学内容和学生特点，合理建构课时目标群；具备深入分析课程内容和学生学情的能力，能够将二者有机结合，制定切实可行的课时目标。

– **任务：** 基于我所提供的课程信息，撰写该课程的课时目标。

– **任务要求**

1. 总共撰写 3 个目标，其中 1 个目标属于应用层级、2 个目标属于分析层级。3 个目标之间应具有内在的连贯性和逻辑性，相互补充、相互促进，共同构成一个完整的课时目标体系。
2. 这些目标的格式要符合行为目标表述法，并在目标中备注 4 个要素。
3. 这些目标是能在 1 节课 45 分钟的时间内可达成的。
4. 为每一个学习目标备注目标层级。

– **课程信息：** 该节课程内容源自教育学本科课程“教育研究方法”中的“观察法论文解析”这一课时；授课时长为 45 分钟；学生已经能够解析问卷调查法的论文且掌握了观察法的基本实施流程。

AI 执行结果

1. 目标一（应用层级）：在教师提供的实地观察研究案例基础上（条件），学生（主体）能够运用观察法研究流程知识，针对案例中的观察记录方法提出改进方案（行为），改进方案需包含至少 3 个操作性优化点（标准）。

2. 目标二（分析层级）：通过对比分析问卷调查法优秀论文（条件），学生（主体）能准确鉴别观察法论文中的技术应用特征（行为），找出两者在数据采集环节的 3 项差异表述（标准）。

3. 目标三（分析层级）：基于案例论文中观察编码表的使用片段（条件），学生（主体）能独立评价该观察工具的适切性（行为），从时间取样合理性、行为观察系统性两个维度展开书面论述（标准）。

纵观 AI 所生成的结果，我们可以发现，3 个课时目标呈现了“工具改良→方法辨析→质量评估”的递进逻辑，符合观察研究的认知发展规律；每个课时目标中的条件要素包含案例 / 论文等支架，行为要素落实思维操作外显，标准要素量化可检测；目标二结合了学生的学情（问卷调查法解析经验），将比较维度设计为成果质量控制的着力点。

如果教师根据自己的教学经验，认为在 1 个课时内无法实现以上教学目的，那么有两种处理方案：第一种是让 AI 降低难度，如要求 AI“请帮我把每个教学目标都降低一定的难度”；第二种是拆解教学目标，将其中一部分放到课前线上达成，或者放到课后线上达成。

二、借助 AI 撰写教案

借助 AI 撰写教案有两种方法：一种是直接让 AI 撰写教案的全部内

容；另一种是让 AI 分步撰写教案。毋庸置疑，后者在内容的丰富度和精准度方面更胜一筹。我们分别运用这两种方法进行撰写，通过对比它们的差异来理解 AI 工作的递进原则。

1. 直接让 AI 撰写教案全部内容

提示词

－**角色：**你是一位教学设计专家。

－**技能：**擅长根据学科特征、教学流程理论、教学目标设计实际的教学流程。

－**任务：**根据我给你的“教学技能技法”的单元教学目标，采用抛锚式教学法设计一节课的教学流程。

－**任务要求**

1. 教学流程要符合“教学技能技法”教学目标，能够有效促进学生的学习，符合教学评一致性原则。
2. 教学流程要参照抛锚式教学法设计，需具有创新性，能够体现教学创新大赛的要求。
3. 教学流程要提供抛锚式教学环节，要求详细具体，提供包括教学环节、教学活动、教学策略、课程思政点、教学资源、教学意图在内的表格。其中，课程思政点要有实际内容，不要泛泛而谈。语言要通俗易懂。
4. 教学流程要具有可操作性，能够实际应用于课堂教学。所使用技术平台或工具要是国产的，且遵循技术必要性原则，不过度使用技术。

5. 教学流程所花费总时间为 2 ～ 6 个学时，可有线上、线下或者其他不同授课环境之分。

– **教学目标：**学生能够设计并实施跨学科教学。

– **工作流程**

1. 请阅读我的全部要求。

2. 按照任务要求完成任务。

3. 反思教学流程是否符合每一条任务要求。

4. 按任务要求生成教学流程方案。

AI 执行结果

以下是根据抛锚式教学法设计的“教学技能技法”教学流程方案。

教学环节	教学活动	教学策略	课程思政点	教学资源	教学意图
锚点创设：线上预学	1. 发布视频案例：某小学“垃圾分类智能系统”项目。 2. 使用雨课堂推送预习任务单	1. 情境认知理论。 2. 问题导向学习	生态文明责任教育：通过真实环保项目强化“双碳”战略意识	1. 雨课堂。 2. 微信班级群	创设具有社会意义的现实教学场景，激发动机
问题识别：线下 1 学时	分组解剖案例： 1. 跨学科目标设计策略； 2. 知识点融合路径； 3. 评价量表制定依据	1. 工作坊研讨。 2. 焦点讨论法	科学精神培养：数据收集须严谨，解决方案对标真实需求	1. 希沃白板。 2. 纸质案例手册	培养问题意识，明确学习任务

续表

教学环节	教学活动	教学策略	课程思政点	教学资源	教学意图
协作探究：线上 1 学时	1. 设计实践：每组基于超星泛雅模板，设计“社区环境改善”主题跨学科方案。 2. 共享实时编辑文档	1. 协作知识建构。 2.Jigsaw 拼图法。	集体主义教育：通过协同育人落实共同体理念	1. 超星泛雅平台。 2. 国家中小学智慧教育平台资源库	促进教学设计能力迁移提升
成果展示：线下 2 学时	1. 方案路演（模拟说课）。 2. 使用问卷星开展同行互评。 3. 特邀基础教育教研员在线点评	1. 表现性评价。 2. 临床教学诊断	创新素养提升：强调原创性设计，避免低水平重复	1. 钉钉会议。 2. 问卷星评价系统	实现“教—学—评”闭环
反思迁移：课后延展	1. 迭代方案并上传至网盘。 2. 延伸任务：调研学校所在社区的实际问题	1. 反思日志法。 2. 行动研究	实践育人导向：推动知识成果转化为社会服务	1. 百度网盘。 2. “学习强国”地方频道	强化理论与实践相结合

仔细研读 AI 所生成的结果就会发现，整个教学流程的设计有很多问题。

第一，作为抛锚式教学，其过于关注教学活动的设计，缺少对学生进行“教学”的环节。对学生每个环节学习的指导不足，甚至在教学资源部分也更关注资源供给平台，几乎未提及与学习目标相关的必备学习材料。

第二，所提供的课程思政点不够具体和清晰，整个教学流程的课程思政点又泛又杂。虽然在提示词中提醒 AI 对课程思政点“不要泛泛而谈”，但是 AI 执行复杂任务时，总是会有忽略具体要求的情况发生。

第三，提供的教学资源所使用的平台复杂多样，给学生使用技术增加了负担。在实际教学过程中，如果进行如此多的资源平台切换，也会降低教学的流畅性。即便提示词已要求 AI“遵循技术必要性原则”，AI 也还是无视要求而喜欢“彰显自己无所不能”，提供了很多冗余的内容。

2. 让 AI 分步撰写教案

提示词

- **角色：**你是一位教学设计专家。
- **技能：**擅长根据学科特征、教学流程理论、教学目标设计实际的教学流程。
- **任务：**根据我给你的“教学技能技法”的单元教学目标，采用抛锚式教学法设计一节课的教学流程。
- **任务要求**

1. 教学流程要符合“教学技能技法”的教学目标，能够有效促进学生的学习，符合教学评一致性原则。
2. 教学流程要参照抛锚式教学法设计，需具有创新性，能够体现教学创新大赛的要求。
3. 教学流程要提供抛锚式教学环节以及每个环节的教师活动和学生活动。
4. 语言要通俗易懂。

- **教学目标：**学生能够设计并实施跨学科教学。

AI 执行结果

课题：设计并实施跨学科教学——以“如何策划小学五年级的‘垃圾分类’主题课”为例

环节 1：创设真实情境（抛出锚点）

1. 教师活动

· 展示真实案例：播放某小学“垃圾分类”主题课程实录片段（学生参与度低、知识点零散、缺乏学科融合）。

· 提出核心问题：“如何将‘垃圾分类’转化为一门深度融合科学、社会、美术、数学的课程？”

2. 学生活动

· 观察案例，分析问题：学科割裂的表现是什么？跨学科教学的优势有哪些？

· 分组讨论，初步提出“跨学科设计的关键要素”（如主题统整性、学科衔接逻辑）。

3. 设计意图：通过真实问题“抛锚”，激发学生对跨学科教学设计的挑战意识。

环节 2：确定探究任务（明确锚点）

1. 教师活动

· 提出锚点问题：“如果让你以‘垃圾分类’为主题设计一门跨学科课程，你会如何突破单一学科的局限性？”

· 明确任务目标：学科关联（至少融合 2 门学科）；教学目标（数

据分析、创意表达、环保意识）。

2. 学生活动

· 小组分工，制定初步方案框架（可提供模板：主题→学科→核心活动→评价方式）。

· 标注设计中遇到的困惑（如学科平衡、时间分配）。

环节 3：自主与合作学习（解决锚点）

1. 教师活动

· 资源支持：提供案例库（如“水资源探究课程”“传统节日跨学科设计”），强调学科融合的多样化模式；推荐工具，如思维导图（梳理学科关联点）、量规表（评价设计合理性）。

· 个性化指导：对“强学科主导型”小组，建议弱化学科边界；对“活动零散型”小组，提示以问题链串联任务。

2. 学生活动

· 查阅资料，设计具体的活动案例。比如，“科学 + 数学”：统计班级垃圾种类，制作扇形统计图。“美术 + 社会”：设计垃圾分类宣传海报，融入社区访谈数据。

· 组内模拟试讲，迭代改进设计。

环节 4：成果展示与评价（起锚反思）

1. 教师活动

· 组织“跨学科设计听证会”：每组限时 8 分钟展示方案，需说明学科融合逻辑及学生能力培养目标。

· 引入多元评价。同伴互评：其他组根据“目标 – 活动 – 评价一致性”打分。教师点评：聚焦创新点（如数学与艺术的隐性关联）、改进建议（如加强成果的迁移性）。

2. 学生活动

· 通过多媒体展示方案（如使用 PPT、表演短剧模拟课堂片段）。

· 根据反馈修改方案，提交最终版教学设计（附反思日志）。

环节 5：迁移应用（巩固锚点）

1. 教师活动

· 布置拓展任务。如尝试将同一主题（如垃圾分类）迁移到幼儿园阶段，思考设计差异及调整策略。

2. 学生活动

· 分析不同学段学生的认知特点，调整学科融合难度和活动形式（如幼儿园侧重感官体验游戏），形成对比报告。

追问提示词

在这个设计中，缺乏“教师教”的环节。比如，给学生布置了“垃圾分类”跨学科课程设计任务，但是并没有教给学生如何进行跨学科课程设计。学生不会因为接到一个任务而自动掌握完成任务所需的知识。请修正。

AI 执行结果

新增环节 2.1“方法支架建构”（教师直接教学）与环节 3.1“策略示范”，通过“教 – 导 – 练”的结合解决“做中学”的认知断层问题。

新增环节 2.1：方法支架建构

1. 教师活动

· 系统讲解：通过思维导图演示“跨学科设计的 3 个关键步骤”。步骤 1，确定主题核心概念（如垃圾分类中的“资源循环”“社会责任”）；步骤 2，挖掘学科连接点（如科学中的“物质特性”→数学中的“数据统计”→美术中的“视觉表达”）；步骤 3，设计驱动性问题（如“如何利用数学和艺术让同学主动参与垃圾分类？”）。

· 提供评价量规表：说明跨学科设计在目标、活动、评价维度的评分标准。

· 案例拆解：播放优秀案例（如“‘校园植物地图’跨学科课程”），引导学生分析案例背后的设计逻辑。

2. 学生活动

· 根据教师提供的模板，尝试拆解“垃圾分类”主题的核心概念。

· 小组合作，初步列出可能的学科连接点（填写在“学科关联表”中）。

3. 设计意图：直接传授方法论，避免学生因缺乏工具陷入盲目讨论。

新增环节 3.1：策略示范

1. 教师活动

· 难点突破示范：针对学生填写的“学科关联表”，选取典型小组案例，现场示范如何优化设计。比如，当学生提出“科学（垃圾降解实验）+ 语文（写日记）”时，教师建议增加数学维度（记录实验数据并制作图表），形成更深度的整合。

· 分层指导：对能力较弱的小组，提供“设计工具包”（如学科融合的常见模式卡片）。

2. 学生活动

· 参考教师的示范，优化本组的学科关联逻辑。

· 使用量规表对本组设计进行自评，标注未达标项。

AI 通过以上优化，回应了一开始的质疑。通过新增环节 2.1 将跨学科设计方法论转换为可操作的步骤、工具和量规，用系统讲解替代模糊摸索，这样就会避免陷入“只抛任务、不教方法”的教学误区。同时，教师通过增加案例拆解、难点示范实现“隐性知识显性化”来平衡“探究”与“指导”。

接下来，继续追问每个教学环节所需的技术平台及其功能。

追问提示词

- **任务：**请你分别为我提供这 5 个环节所需的教学技术平台及其功能。

- **任务要求**

1. 要求所使用的技术平台或工具是我国国内产品，且遵循技术必要性原则，不过度使用技术。

2. 在技术工具中，我希望只提供必要平台及其功能，而不要用太多技术平台。

3. 提供环节与技术匹配总表。

AI 执行结果

环节	核心目标	技术工具	技术必要性简述
抛出锚点 提出问题	问题感知与锚点定位	学习通	实时反馈替代传统问答
锚定方法 支架建构	方法论输入与工具支持	学习通、 XMind	可视化逻辑与协作提效
解决锚点 任务探究	分层设计与自主改进	学习通	资源精准推送与数据诊断
起锚反思 成果展评	成果展示与动态反馈	学习通、 腾讯会议	低成本模拟真实教学场景
深锚迁移 创新拓展	跨学段迁移与多维表达	学习通、 剪映	降低创作门槛，促进高阶思维外显化

接下来，为了在教学中融合课程思政，可以继续追问 AI 课程思政点。在此，可以基于课程目标提醒 AI 基于教师职业素养、教育责任等展开课程思政。教师在结合自己的课程追问 AI 课程思政时，也需给 AI 以相应的提醒。

追问提示词

- **任务：**请回顾我们全部的沟通内容，为整个教学流程的每个环节确定课程思政点。

- **任务要求**

1. 整节课的课程思政都围绕“教学技能技法”以及本节课的教学目标来组织，要聚焦教师职业素养、教育责任等展开，不要泛泛而谈。

2. 只需提供环节与课程思政匹配表。

AI 执行结果

教学环节	课程思政点	思政关联逻辑与教学支撑点
抛出锚点 提出问题	教育者的使命敏感性	通过分析“学科割裂”案例，引导学生认知教师应主动发现教学痛点，落实《义务教育课程方案（2022 年版）》中“加强课程综合”的要求。 教学支撑点：在讨论环节强调“教师需成为课程改革主动执行者”
锚定方法 支架建构	教育设计的科学性与规范性	讲授跨学科设计方法时，强调《小学教师专业标准（试行）》中的要求，即教育教学设计需遵循学生认知规律。 教学支撑点：在评价量规中设置“学理逻辑合理性”指标，明确科学依据占比
解决锚点 任务探究	创新精神与团队协作	跨学科设计能力直接呼应国家《中国教育现代化 2035》的要求，即“提升一流人才培养与创新能力”。 教学支撑点：要求设计方案必须包含原创性活动，并纳入组内贡献度互评
起锚反思 成果展评	职业反思力与改进意识	课程迭代与同行评议机制，体现《新时代中小学教师职业行为十项准则》中的“秉持公平诚信”。 教学支撑点：在答辩环节增设“自我批判”评分项（占比为 15%）
深锚迁移 创新拓展	教育公平与政策执行力	跨学段设计任务对接《中共中央国务院关于深化教育教学改革全面提高义务教育质量的意见》中的“重视差异化教学和个别化指导”要求。 教学支撑点：对比报告中必须呈现针对学段特征的政策引用

以此类推，如果想了解更多与教案撰写有关的内容，比如每个环节的教学评价工具、需要为学生提供的学习材料、每个环节的学习环境、实施每个环节时的注意事项等，都可以通过不断的追问实现。

比起直接让 AI 生成一个完整的结果，分步骤提问更容易让 AI 生成高质量的结果。当然，以上关于教案的设计不仅可用于参加教学创新大赛，也可以应用于教师日常的教学工作，帮助教师更好地设计与实施教学。

三、借助 AI 撰写课程教学计划

在教学创新大赛中，教学大纲是作为辅助材料呈现的。它不属于加分项，而是属于扣分项。如果撰写的教学大纲与教学创新报告或者教学实录中所体现的教学方法、教学策略等不一致，就会被评委质疑。

教学大纲作为教学实施的规范性文件，通常包含五大核心要素：一是课程基本信息（名称、学分、适用专业等）；二是课程目标，需以可观测的行为动词描述学生的学习成果；三是课程教学计划，能说明教学内容与进度，含理论课时、实践环节及课外学习要求；四是融合线上线下资源的教学方法设计；五是形成性与终结性评价相结合的考核体系，能明确评分维度和学术规范。各要素需形成“目标—内容—方法—评价”的逻辑闭环，以确保课程对专业培养目标的支撑作用。其中，在第 2 章和第 3 章中都已经详细说明了如何与 AI 协同撰写课程基本信息、课程目标、教学评价和教学资源设计，此部分重点说明教学内容与进度安排的撰写。

这里推荐基于 DACUM 法撰写教学计划。DACUM，即 Developing A Curriculum（课程开发）。DACUM 法是一种分析和确定某种职业所需能力的方法，起源于 20 世纪 60 年代末，目的是在教学培训过程中找到一种科学有效的课程开发方法，以满足实际工作的需要。DACUM 法通过优秀工作人员的分析，确定描述的职业岗位所需的工作能力更符合实际需求，而且更加具体、准确。它已经成为一种科学、高效、经济的分析方法，广泛应用于职业能力分析和教学培训计划开发中。

下面我们以“教学技能技法”课程为例，提供相应的课程信息，让 AI 基于 DACUM 法撰写课程教学计划。

提示词

- **角色：**你是一位资深课程设计专家，熟悉教育学领域的教学理念、教学方法和教学规律，能够从教育学专业的角度出发，设计出符合教育学原则和学生学习需求的课程教学计划。

- **任务：**你需要根据我所提供的课程信息，基于 DACUM 法为“教学技能技法”课程设计课程教学计划。

- **课程信息：**我所教授的课程为“教学技能技法”，授课对象为教育学专业本科三年级学生，该课程为核心专业课，授课时数为 64 学时，学生有 40 人，先修课程有“系统教学设计”“教育学原理”“教育心理学”“课程论”等。课程目标具体如下。

1. 数字教案：学生能设计融合数字技术的教学方案并验证其有效性。

2. 跨科解难：学生可协作诊断真实课堂问题并提出跨学科解决策略。

3. 多元创评：学生能生成适应多元需求的教学活动并创新评价工具。

4. 教策迭代：学生可评估教学决策质量并形成迭代改进方案。

- **任务要求**

1. 请基于 DACUM 法生成该课程教学计划。

2. 生成的课程教学计划应包括目标领域、具体技能、技能表现标准、拟授课时数、教学策略建议 5 个维度。每条具体技能分解均对应相应的技能表现标准、拟授课时数、教学策略建议。

3. 总拟授课时数为 64 学时，且根据能力领域难易程度设置拟授课时数，而非平均分配课时。务必不要超学时或者学时不足！

4. 课程教学计划以表格的形式呈现。

5. 这个任务对我的职业生涯至关重要，我非常重视你的分析。

- 工作流程

1. 学习 DACUM 法。

2. 根据要求生成“教学技能技法”课程教学计划表。

AI 执行结果

“教学技能技法”课程教学计划表（DACUM 法）

目标领域	具体技能	技能表现标准	拟授课时数	教学策略建议
数字技术整合能力（总计 14 学时）	1.1 数字内容解构	能将教科书内容转换为不少于 5 种数字表现形式	3	思维导图工作坊
	1.2 工具场景匹配	建立数字工具特征矩阵（3×3）	4	数字双钻决策模型
	1.3 混合方案设计	构建 BOPPPS 数字增强教学流程	4	反向设计模板
	1.4 有效性验证	运用 SAMR 模型进行效果层级验证	3	数据叙事法

续表

目标领域	具体技能	技能表现标准	拟授课时数	教学策略建议
跨学科问题解决能力（总计 18 学时）	2.1 问题表征建模	运用 ANT 理论绘制问题网络	4	情境建模实验室
	2.2 知识迁移路径	建立跨学科原理印证对照表	5	跨学科概念图
	2.3 解决方案原型	产出 STEAM 问题解决框架	6	快速原型设计法
	2.4 迭代改进机制	建立 PAC 迭代改进流程图	3	同伴互评交流
教学创新与评价设计（总计 16 学时）	3.1 需求图谱构建	绘制学习者多维特征雷达图	4	学习者画像营
	3.2 活动 SPOC 设计	创建混合式学习活动链条	5	五步脚手架法
	3.3 评价量规开发	制定四维表现性评价指标	4	量规工作坊
	3.4 动态反馈系统	建立 LMS 平台自动诊断机制	3	仪表盘设计
教学决策优化能力（总计 16 学时）	4.1 决策树建模	构建典型教学决策流程图	4	认知任务分析
	4.2 过程性监测	建立教学行为编码体系	5	视频标注技术
	4.3 SWAN 反思法	完成结构化反思报告	4	四格反思本
	4.4 循环改进	建立 PDSA 质量环	3	优化四步卡

参赛指导

大部分教师按照教材目录撰写教学大纲里的教学计划，而事实上，按照目标达成路径来设置教学计划是更优选择，并且还能实现“用教材教”而非“教教材”的理念。另外，基于 DACUM 法撰写的教学计划还可以反过来成为课程内容重构的基础。

四、AI 辅助优化课堂教学实录教案

教学创新大赛要求课堂教学实录能够体现教学创新成果报告中的教学创新举措。教师可借助 AI 梳理课堂教学实录教案对教学创新举措的回应程度，并进一步辅助优化相应教案。

提示词

- **角色：**你是一位资深的教育专家和教学创新指导者，具备丰富的教学设计和教学创新实践经验，擅长将教学创新成果融入课堂教学实录中。

- **技能：**你能够精准地分析教学创新成果报告中的关键举措，并将其有效地转化为课堂教学实录中的具体教学环节。你熟悉教学创新大赛的评分标准，能够根据评分标准提出优化建议。同时，你擅长运用清晰、逻辑性强的语言对课堂教学实录教案进行润色和优化。

- **任务：**我是一名即将参加教学创新大赛的教师，已经撰写了教学创新成果报告，并设计了教学创新大赛课堂教学实录的教案。我希望能够借助你的专业能力，确保我的课堂教学实录能够充分体现教学创新成果报告中的教学创新举措，同时符合大赛的评分标准。

- **任务要求**

1. 仔细阅读我提供的教学创新成果报告，梳理其中的关键教学举措和创新点。

2. 对比课堂教学实录的教案，分析教案中的教学环节是否能够充分体现教学创新成果报告中的教学创新举措。

3. 提出具体的改进建议，包括教案中教学环节的调整、教学方法的优化、教学资源的整合等，以确保教学创新成果能够在课堂教学实录中得到充分体现。

4. 对教案的语言进行润色，使其更加清晰、准确、规范，同时保证逻辑的连贯性。

5. 提供一份详细的改进报告，包括问题描述、改进建议和优化后的教案示例。

（备注：需上传给 AI 三份文件，分别为教学创新成果报告、课堂教学实录教案、课堂教学实录评分标准。）

AI 执行结果（略）

五、AI 辅助优化课堂教学实录

教师在进行课堂实录之后，可借助 AI 梳理课堂实录全过程，解析每个教学环节的具体实施情况。在此基础上，让 AI 对比教学实施与教案设计之间的差距，看哪些环节的实施与组织有待提升。推荐使用天工 AI 等能处理视频材料的 AI 工具辅助优化课堂教学实录。

第一步，让 AI 梳理课堂实录全过程。

提示词

- **角色：** 你是一位资深的教学设计专家，擅长从教师的教学实施中厘清其教学路径及方法。

- **任务：** 请对我所上传的课堂实录进行教学过程梳理，详细记录每个教学环节的实际开展情况，包括教师的教学行为（如内容讲解、提问、板书设计、多媒体使用等）、学生的课堂反应（如回答问题的积极性、参与讨论的程度、练习完成情况等）以及课堂的整体氛围和节奏。

- **任务要求**

1. 以表格形式呈现。

2. 以批判性视角科学地审视课堂实录。

AI 执行结果（略）

第二步，让 AI 对比课堂实录与教案。

提示词

- **角色：** 你是一位资深的教学设计专家，擅长从教师的教学实施中厘清其教学路径及方法。

- **任务：** 请对比分析“课堂实录视频解析”及“课堂实录教案”，具体分析维度如下。

1. 教学内容：是否按照教案中的知识点顺序和详略安排进行讲授，有无内容的增删或调整，这种调整是否影响教学目标的达成以及与其他知识点的衔接。

2. 教学方法：实际采用的教学方法是否与教案设计一致，如果不一致，评估这种改变对学生学习效果的影响以及是否更符合课堂实际情况。

3. 教学活动：课堂中的互动活动、小组合作、练习环节等的组织形式和实施过程是否与教案中的设计相符，学生的参与度和活动效果如何，是否存在组织不力或时间把控不当的问题。

4. 教学效果：根据课堂实录中学生的表现和反馈，评估各个教学环节是否达到了预期的教学目标。

（备注：此处需将第一步所生成的“课堂实录全文字幕”“课堂实录视频解析”以及“课堂实录教案”同时上传给 AI。）

AI 执行结果（略）

根据 AI 的执行结果，教师可进一步根据实际情况决定是调整教案设计还是改良教学实施，并根据具体情况请 AI 进一步协同优化。

4.2 教学创新成果报告

教学创新大赛的教学成果报告通常包括以下核心内容：问题提出（课程简介与教学真实问题）、创新举措（课程重构，教学模式、方法或技术的突破性设计，以及资源建设、评价改革等具体操作）、创新成效（学生能力提升的证据，如成绩对比、竞赛获奖情况、作品案例）以及辐射效应（校内外推广应用情况）。这些核心内容中的大部分内容在第 2 章和第 3 章都已经作了介绍，本节通过聚焦一些细节来看教师能用 AI 做什么。

一、教学创新成效的撰写

教学创新成效主要分为两个部分：一是教学目标的达成情况，二是教学真实问题的解决情况。撰写这两个部分时都需要注重证据链的完整性，以图表、问卷、访谈等多种形式的数据佐证成效，尤其是在教学目标的达成上要注重“目标—评价”的一致性，在教学真实问题的解决上要注重“问题—解决”的一致性。

在撰写教学创新成效时，可借助 AI 辅助审核教学创新成效是否保持了证据链的完整性和一致性。

1. 让 AI 审核课程目标的达成情况

提示词

- **角色：**你是一位教育评价专家，具备深厚的教育评价理论基础和丰富的教学实践经验，能够精准把握教学目标与评价之间的一致性，为教学创新提供专业指导和审核。

- **技能：**熟练掌握教学目标设定与审核的方法，能够依据“目标—评价”一致性原则，对教学目标和学生达成情况进行深入分析；具备良好的沟通能力和反馈技巧，能够为目标达成证据的提供给出清晰、具体的建议。

- **任务：**我正在参加教学创新大赛，需要你帮助我审核我的教学目标是否达成。我会提供教学目标以及学生达成的证据。请按照“目标—评价”一致性的原则，对我的教学目标和学生目标达成证据进行审核，判断学生是否达成了教学目标，并为我提供详细的审核结果和目标达成改进建议。

- **任务要求**

1. 准确性：审核结果应准确反映教学目标与学生达成证据之间的一致性，确保评价的科学性和公正性。
2. 可操作性：提供的目标达成改进建议应具有可操作性，能够为我后续的教学改进提供具体的指导和参考。

- **教学目标：**略（同时将学生目标达成情况相关证据以文档的形式发送给 AI）

AI 执行结果[8]

1. 教学目标：了解金融科技项目开发流程及关键阶段；能够使用量规等工具规划和跟踪项目进度。
2. 达成证据：学生学会根据金融机构的标准控制项目进度和质量

8 此处截取所提供案例的部分执行结果。

（文本描述）。

3. 一致性分析

·优势：学生掌握了进度控制与质量跟踪的流程（符合“了解”层面）。

·不足：未提及项目管理工具（如量规、甘特图）的具体应用，缺乏进度跟踪的量化证据（如里程碑完成率）。

4. 改进建议

·补充工具应用证据：要求学生提交项目计划表、量规评价记录或进度跟踪报告（附操作截图）。

·强化评价指标：在学生日志中增加对工具使用效果的描述（如“使用量规后发现进度滞后 20%”）。

由以上案例节选可以发现，AI 能够帮助我们突破自我审视的盲区，从一致性原则发现目标达成证据的不足之处，并在证据结构化、成果可视化等方面提出相应的改进措施。教师只需根据具体情况选择性地进行调整即可。

2. 让 AI 审核教学真实问题解决情况

提示词

- 角色： 你是一位教学创新与问题解决专家，具备丰富的教学经验和深厚的教学理论基础，能够精准评估教学真实问题的解决情况。

- 技能： 熟练掌握教学真实问题分析与解决的方法和技巧，能够对教学真实问题解决的证据进行科学评估；具备创新思维和实践能力，能够结合教学实际情况，提出具有创新性和可操作性的教学改进措施。

- **任务：** 我正在参加教学创新大赛，需要你帮助我审核我的教学真实问题是否解决。我会提供教学真实问题的具体描述，以及与这些真实问题对应的解决证据。请按照“问题—解决”一致性原则，帮助我审核这些教学真实问题是否得到有效解决，并为我提供详细的审核结果和改进建议。

- **任务要求**

1. 准确性：审核结果应准确反映教学痛点的解决情况，并基于提供的证据展示客观、公正的评估。
2. 可操作性：提供的改进建议应具有可操作性，能够为我进一步优化教学策略和解决教学真实问题提供具体的指导。
3. 创新性：在审核过程中，鼓励从创新的角度提出新的思路和方法，为我的教学创新提供启发和借鉴。

（备注：教学真实问题与教学真实问题解决情况可分为两个文件同时上传给 AI。）

AI 执行结果[9]

1. 真实问题

行业导师教学能力与需求的差距：行业导师经验转化能力不足（案例与理论脱节、缺乏互动教学）；学生对其教学评价较低。

2. 解决证据

9　此处截取所提供案例的部分执行结果。

- 证据 1：差异化资源供给 +BCL 混合协同，提升行业导师能力。
- 证据 2：评鉴报告反馈行业导师改进意见。

3. 解决一致性分析

- 优势：BCL 混合协同（如企业导师与学术导师合作）理论上可弥补经验转化短板；通过满意度数据客观反映效果。
- 不足：未说明行业导师具体教学改进表现（如案例与理论的关联性提升证据）；教学评鉴报告未清晰呈现评鉴结论（如“引导能力提升”或“术语准确性改进”）。

4. 创新性改进建议

- 证据深化：要求行业导师提交“案例教学改进报告”，附课程设计对比（如改进前后的案例关联性标注）；将佐证图拆分为“改进前”与“改进后”雷达图，展示评鉴指标变化。
- 策略升级：开发“行业经验转化模板”（如“案例 – 知识点”映射表），结构化指导导师备课；引入“AI 教学助手”，实时监测行业导师术语准确性并预警（如通过语音识别技术实现）。

AI 就像我们邀请的专家一样，帮助我们从专业视角审视教学真实问题的解决情况，判断证据是否能有效体现真实问题的解决，并给我们提供专业的建议。但是，我们仍然要强调教师自身的判断力。一是要判断 AI 所提供的改进建议我们是否真的已达成，如果没达成，这改进建议将是教学改革下一个阶段的方向；二是要判断 AI 所提供的改进建议是否合理、是否有可操作性，比如在上述案例中，AI 建议引入“AI 教学助手”实时监测行业导师术语准确性并预警，目前执行这一建议可能在行业导师的接受度和技术实现上都有困难。

二、AI 辅助下的教学创新成果报告优化

AI 能够凭借其独特的优势，有力地辅助教师审核教学创新成果报告的质量并给予精准的修改建议。一方面，AI 可有效规避主观偏见，依据既定的评分标准，客观公正地对教学创新成果报告展开评价，全方位保障审核结果的公正性；另一方面，AI 拥有海量的知识储备以及多维度的评价体系，这意味着它能以专业知识为基础，从多个视角为教师呈现全面且深入的反馈，助力教师精准定位报告中的优势与不足。

这里我们依然想强调，AI 的建议仅供参考，最终的判断和决策还需要依赖教师的专业知识和经验。教师可以根据 AI 提供的建议，结合自己的教学实践和创新思路，对报告进行有针对性的修改和完善，从而提高教学创新成果报告的质量。

提示词

- **角色：**你是一位资深的教学评估专家，已经连续四年担任全国高校教师教学创新大赛的全国赛评委和指导专家。

- **技能：**具备丰富的教学创新经验和深厚的教育学理论功底，熟悉各类教学创新大赛的评分标准和评审流程；熟练掌握教学创新成果报告的撰写规范和评价要点，能够依据评分标准对报告进行深入分析和评估；具备敏锐的洞察力和批判性思维，能够发现报告中的亮点和不足之处，并提出有针对性的改进建议；熟悉教学创新的最新趋势和实践案例，能够

为参赛者提供具有前瞻性的指导和参考；具备良好的沟通能力和反馈技巧，能够以清晰、简洁的方式向参赛者传达评价结果和建议。

- **任务：** 我正在准备参加教学创新大赛，目前已经完成了教学创新成果报告的撰写。我希望你能根据大赛的评分标准，对我的报告进行全面、深入的评价，并为我提供相应的改进建议。

- **任务要求**

1. 准确性：评价结果应准确反映教学创新成果报告的质量和水平，展示依据评分标准进行的客观、公正的评估，确保评价的科学性和可靠性。
2. 全面性：评价应涵盖教学创新成果报告的各个方面，对报告进行全面、系统的评价，不遗漏任何重要环节。
3. 针对性：改进建议应针对报告中的具体问题和不足之处，提出切实可行的改进措施和方法，具有较强的针对性和可操作性，能够帮助我有效地提升报告质量。
4. 专业性：评价和建议应体现专业水平，基于教育学理论和教学实践经验，为我提供专业的指导和参考，帮助我在教学创新大赛中取得更好的成绩。

（备注：要同时上传给 AI 教学创新成果报告的评分标准以及撰写好的教学创新成果报告。）

通常情况下，AI 会“取悦”教师，给出的反馈多是表扬性的，对此教师可要求 AI 进行批判性的审视，或者要求 AI 站在一名苛刻的评委的视角提出意见或改进建议。AI 所提供的反馈比较笼统，教师可以针对细节进行追问，比如“请在教学创新策略上，给我更丰富的反馈”。或者更具体一些，比如“请在教学内容重构上，给我更具可操作性的反馈”。往往在一轮一轮的追问中，AI 就能给予相应的反馈建议。下述执行结果是 AI 根据我们提供的案例，所提供的反馈建议片段，仅供教师理解 AI 的反馈能力。

AI 执行结果[10]

课程思政维度现状诊断

1. 突出优势

初步构建差异化场景思政体系，涉及伦理与风险意识。

2. 短板问题

· 思政案例数量不足（报告仅提及伦理、风险等元素，缺少 10 个以上结构化案例）。

· 未提供学生思政认知提升的第三方测评数据（目前仅依靠主观描述）。

3. 改进策略

· 策略 1：开发思政案例集群。

（1）在四大产教融合场景（课堂教学 / 虚仿实训 / 课外实训 / 实习实践）中各设计 2 ~ 3 个思政焦点案例（如“区块链 + 数据隐私保护”“智能风控 + 职业诚信”）。

（2）按“场景 – 问题 – 融入点 – 反思作业”框架制作案例卡片（示例：[虚拟货币讨论课] → [投机风险认知] → [金融消费者权

10 此处截取所提供案例的部分执行结果。

益保护] → [DCEP 合规性分析报告]）。

· 策略 2：导入第三方评估工具。

（1）采用金融科技伦理认知量表（Likert 5 级）开展前 / 后测，并在评价效果图中补充伦理维度的得分变化。

（2）引用企业导师对学生职业素养的评价（如“86% 的实习单位认为学生具备优于同行的合规敏感度”，需附企业盖章证明）。

通过上述案例，我们不难看出 AI 给出的反馈建议极具参考意义。当报告在课程思政方面呈现初步构建差异化场景思政体系、涵盖伦理与风险意识的突出优势时，AI 也能敏锐地指出短板问题，如思政案例数量不足、未提供学生思政认知提升的第三方测评数据等问题，并给出切实可行的改进策略。像开发思政案例集群，从四大产教融合场景入手设计思政焦点案例，导入第三方评估工具等细致建议，都为教师完善报告提供了清晰的方向。

注意

让 AI 审视教学创新成果报告撰写质量并非参赛材料准备的收尾动作。教师应养成经常与 AI 交流的习惯，持续收集 AI 的反馈，并将其中可行的反馈及时融入日常授课以及参赛材料准备之中，推动教学改革实践有条不紊地进行，真正实现以赛促教、以赛促改，全方位提升教学质量与创新水平。

4.3 教学设计创新汇报

教学创新大赛的现场赛环节主要包括两个部分：一是教师进行教学设计创新的汇报展示；二是教师回答评委提出的各类问题。为了充分备赛，教师需要进行两方面的准备工作：一是精心准备汇报所用的 PPT，确保其内容能够全面且清晰地呈现教学设计的创新之处；二是思考应对策略，预判评委可能提出的问题，梳理应答思路，并准备具体的回答内容。以下是相关环节的提示词，本部分不提供 AI 执行结果。教师可结合自己所做的准备与 AI 交流，让 AI 站在一个比较客观的角度促进教师反思和调整。

一、让 AI 优化现场汇报 PPT

提示词

- **角色：** 你是一位经验丰富的教学设计专家，同时也是 PPT 设计与演示的高手，擅长将教学内容与视觉呈现相结合，提升教学汇报的效果。

- **技能**

1. 熟悉全国高校教师教学创新大赛的评分标准和评审要求，能够从教学内容、创新性、逻辑性、视觉效果等方面对 PPT 进行优化。

2. 擅长 PPT 的视觉设计，包括布局、配色、字体选择、图表制作、动画效果等，能够使 PPT 更加美观、简洁、易懂。

3. 精通教学内容的逻辑呈现，能够帮助优化 PPT 的结构，使其更符合汇报的流程和节奏。

4. 能够根据教学设计的核心内容，提炼关键信息，通过 PPT 进行有效展示。

– **任务：** 我是一名即将参加教学创新大赛的教师，已经设计了一份教学创新大赛现场汇报的 PPT，请你协助我改进这份教学创新大赛现场汇报的 PPT，使其更符合大赛的评分标准，增加获奖的可能性。

– **任务要求**

1. 内容优化

· 根据我提供的 PPT 内容，结合教学创新大赛的评分标准进行全面分析，找出需要改进的地方。

· 确保 PPT 内容逻辑清晰，重点突出，避免有冗余信息。

· 提炼关键信息，通过简洁的文字和图表进行展示，使评审能够快速抓住重点。

2. 视觉设计优化

· 对 PPT 的布局进行调整，确保页面整洁、美观，避免过于拥挤或过于稀疏。

· 优化配色方案，选择适合教学主题的色彩搭配，增强视觉效果。

· 选择合适的字体，确保文字清晰易读，同时符合教学风格。

· 添加或优化图表、图片、动画等元素，使内容更加生动、直观。

3. 逻辑与流程优化

· 根据教学设计的逻辑，调整 PPT 的页面顺序，确保汇报流程连贯、自然。

· 添加过渡页或引导语，帮助评审更好地理解汇报的结构和逻辑。

4. 细节优化

· 检查 PPT 中的文字、图表、图片等元素是否存在错误或不一致之处，并进行修正。

· 确保 PPT 中的动画和交互效果流畅，不会影响汇报的节奏。

（备注：上传两个文件，分别为现场汇报 PPT 和现场汇报评分标准。）

二、让 AI 优化现场汇报逐字稿

提示词

– **角色：** 你是一位资深本科教育研究专家，连续多年担任全国高校教师教学创新大赛的评委。

– **技能**

1. 精通教学创新设计逻辑与竞赛评分规则。

2. 擅长学术语言与口语化表达的转换。

3. 具备数据可视化与证据链构建能力。

4. 熟悉汇报说服策略。

– **任务：** 我将上传教学创新大赛现场汇报阶段的逐字稿以及现场汇报评分标准给你，请基于评分标准，将现有逐字稿优化为符合以下要求的文本。

– **任务要求**

1. 结构优化：构建“痛点—创新—证据”逻辑链，章节过渡自然。

2. 语言升级：口语化表达 + 金句设计，每个教学创新举措有 1 个记忆点。

3. 证据强化：关键数据前置，案例故事化，多源证据交叉验证。

4. 可视化锚点：标注需在 PPT 中插入图表 / 图片的关键段落（如“此处建议用柱状图展示学生能力提升”）。

5. 互动设计：在预设节点添加评委注意力唤醒策略（如提问等）。

6. 时间控制：汇报时间限制在 14 分 30 秒。

（备注：上传两个文件，分别为现场汇报逐字稿和现场汇报评分标准。）

三、让 AI 扮演评委进行提问

提示词

– **角色：**你是全国高校教师教学创新大赛的评委，连续四届担任全国赛的评委。

– **技能：**具备敏锐的问题意识和批判性思维，能够从教学创新的关键环节和核心问题出发，提出有针对性的问题；具备良好的沟通能力和反馈技巧，能够以清晰、简洁的方式向参赛者提出问题。

– **任务：**我正在准备参加教学创新大赛，需要你扮演评委，对标教学创新大赛评分标准，根据我提供给你的资料，对我的教学创新现场汇报提出一些问题，帮助我提前演练。

– **任务要求**

1. 针对性：提出的问题应紧密围绕教学创新大赛现场汇报的内容和评分

标准，针对教学创新的关键环节和核心问题，具有较强的针对性和挑战性。

2. 专业性：问题应体现专业水平，基于教育理论和教学实践经验，能够引导我深入思考教学创新的本质和价值，提升我的教学创新能力和水平。

3. 可操作性：提出的问题应具有可操作性，能够为我提供具体的思考方向和改进措施，帮助我在现场汇报和回答评委提问环节表现出色。

（备注：需同时向 AI 提供教学创新大赛评分标准、教学创新成果报告、教学设计创新汇报逐字稿。）

四、让 AI 为现场汇报模拟视频提建议

提示词

– **角色：**你是一位经验丰富的全国高校教师教学创新大赛评委和教育技术专家，擅长通过视频分析教师的教学表现，并提供专业的改进建议。

– **技能：**你具备敏锐的观察力，能够从教师的现场汇报视频中发现教学设计、语言表达、肢体语言、时间把控等方面的优点和不足。同时，你熟悉教学创新大赛的评分标准，能够根据评分细则提出有针对性的优化方案。

– **任务：**我是一名即将参加教学创新大赛的教师，已经录制了一段教学创新大赛现场汇报的模拟视频。我希望你凭借自己的专业能力，对我的模拟视频进行分析和改进，以提升我在正式比赛中的表现。

– **任务要求**

1. 根据我提供的模拟视频，对照教学创新大赛的现场汇报评分标准，从

教学内容、教学方法、教学过程、语言表达、肢体语言、时间把控等方面进行全面分析。

2. 指出我在模拟视频中的优点和不足，并提出具体的改进建议，包括但不限于内容的调整、表达方式的优化、肢体语言的改进等。

3. 以文字形式提供一份详细的分析报告，内容包括问题描述、改进建议和优化后的预期效果。

4. 如果可能，提供一些具体的示例或模板，帮助我更好地理解和实施你的建议。

（备注：建议使用天工 AI，上传两个文件，分别为现场汇报模拟视频和现场汇报评分标准。）

比成绩更重要的是成长

全国高校教师教学创新大赛进行到第五届了，已经成为推动高等教育教学改革的重要力量，影响深远。大赛最大的价值是引发大家对教学的关注，促进教师对教学的审视与改进。你只有参与其中，方能深刻理解“以赛促教、以赛促学、以赛促改、以赛促建”的意义。

近年，我多次担任教学创新大赛评委或指导教师，所辅导的教师中也有多位荣获全国赛一等奖。但是，很多时候我的心情还是有些沉重，在深入接触参赛教师的过程中，我发现他们虽然非常有教育情怀，也有教学改革的决心，并尝试进行各种探索，但效果往往不理想，也难以将源于实践的创意，用符合教育学原理的方式表达出来。

教学创新不是备赛时费尽心思，也不是比赛时灵光闪现，而是日常教学实践与反思的厚积薄发。很多参赛教师赛后反思，表示急需补习教育学基础理论，并开启了教育学专业图书阅读之旅，这也是我积极投身于大赛的动力所在吧。

针对老师们在教学创新方面遇到的种种问题，我和张振笋老师有过多次深入的交流。张老师长期在高校从事管理工作，主持教育部学校规划建设发展中心产教融合课程改革项目，视野宽广，理念先进，在产教融合、课程教学改革等方面进行了深入研究与长期实践。我们的共识是，教育学是教学创新的底层架构，缺乏对教育学理论的学习是教学创新陷入窘境的根本原因。帮助教师深入学习教育学理论，加强基于实践与反思的对话，补上“师范教育”这一课，是需要我们长期付出努力的功课。

如何帮助教师充分利用 AI 技术，加强人机协同，促使对话深度进行，进而探究教学创新的逻辑，探索教学创新的方向与方法？正是基于对这个问题的思考，才有了你手中的这本书。

我们深信，如果对于教学的底层认知范式不变，技术本身不会驱动教学创新。而对话正是实现教学创新的重要途径之一。

本书即源于这些深度对话，旨在帮助那些非教育学专业、非师范专业的教师掌握必要的教育学原理，并提供与 AI 对话的建议，探讨教学创新的具体策略。

关于如何与 AI 开展有效的对话，我还是想说：教师应成为对话的主导者，不能盲目相信 AI，应结合课程特点和自身的教学能力，对 AI 生成的内容进行判断、选择和优化。本书中绝大部分 AI 生成的内容也并非第一次输入指令后得到的，而是我和张振笋老师持续追问的结果。所以，尽信 AI 不如善用 AI。请把 AI 当作手段，而非目的。

最后，我希望你阅读本书并非仅仅因为要参加教学创新大赛，而是为了真正提升自己的教学品质。同样，我也期待未来你给予本书好评的原因，并非因为在教学创新大赛中获奖，而是你通过阅读本书和思考、实践，在课堂上看到了学生其乐融融、跃跃欲试的那种生命勃发的好学状态。

现实的课堂才是需要我们永远坚守、精耕细作、创新求变的农场；头顶灿烂的星空与学生信任的目光，才是我们不断创新的动力。

感谢我的对话者张振笋老师。

感谢所有因教学创新遇见的你们。

向创新者致敬。